自由主義和對其的不滿

Liberalism and Its Discontents

Francis Fukuyama

法蘭西斯・福山

黃中憲 譯

目次 *Contents*

序

本書意在為古典自由主義（classical liberalism）辯護，或者，如果古典自由主義一詞所具有的歷史意涵太過濃厚，那不妨以戴爾德麗・麥克洛斯基（Deirdre McCloskey）所謂的「人道自由主義」（humane liberalism）稱之。[1]我認為自由主義如今在世界各地受到嚴重威脅；它曾被視為理所當然之事，如今其優點卻需要我們再度予以清楚的闡明和頌揚。

我所謂的「自由主義」，意指首度出現於十七世紀下半葉，主張透過法律和最終透過憲法限制政府權力的學說，在這過程中要為受政府管轄的個人打造出保護個人權利的制度。我所謂的自由主義，非指今日美國境內用來指稱中間偏左政治立場的那種自由主義；那套觀念，誠如後面會提到的，已在某些重要方面偏離古典自由主義。我所謂的自由主義，也非指美國境內所謂的自由意志論（libertarianism），自由意志論係建立在對自由主義政府之敵視上的奇特學說。我口中的自由主義，也非歐洲所認知的那種自由主義，在歐洲，那種自由主義係用在對社會主義心存懷疑的中間偏右政黨上。古典自由主義是一頂涵蓋多種政治觀點的大帳，但這些觀點一致認同人人權利平等、法律上平等、自由上平等這個根本原則的重要性。

大家都看得出，晚近幾年自由主義勢力持續後退。根據「自由屋」（Freedom House），全球各地的政治權利和公民自由權於一九七四至二〇〇〇年代初期的三十五年間上升，但在那之後至二〇二一年之前的十五年間，在所謂的民主衰退乃至民主蕭條期，持續下滑。[2]

在老牌自由主義民主國家，受到直接攻擊者係自由主義制度。匈牙利的維克托・奧爾班（Viktor Orbán）、波蘭的雅羅斯瓦夫・卡欽斯基（Jarosław Kaczyński）、巴西的賈伊爾・博索納羅（Jair Bolsonaro）、土耳其的雷傑普・塔伊普・艾爾段（Recep Tayyip Erdoğan）、美國的唐納德・川普（Donald Trump）之類領袖，都經合法程序選上，而且一開始就利用選民對其的肯定抨擊自由主義制度。這些制度包括法院和司法體系、不受任何黨派控制的官方行政系統、獨立媒體、其他根據制衡體制限制行政權的組織。奧爾班致力於在法院安插他的支持者，把大部分匈牙利媒體納入他盟友的控制，而且頗為成功。川普欲削弱司法部、情報界、法院、主流媒體之類機構的力量，較沒那麼順利，但用意差不多。

晚近幾年，自由主義所受到的挑戰，不只來自右派民粹主義者，還來自重出江湖的進步左派。來自進步左派的批判，從一項指控——本身屬實的指控——漸漸發展出來。這項指控認為社會現狀不符合他們眼中所有群體受到平等對待的理想。久而久之，這一批判擴大其攻擊對象，攻擊起自由主義本身的根本原則，例如權利在個人而非在群體之說、憲法和自由權所依據的人人平等前提、言論自由的價值和作為理解真理之方法的科學理性的價值。事實上，這已導致有些人無法容忍偏離新進步正統觀的觀點，並運用數種社會權力來貫徹該正統觀。異議之聲已遭逐離有影響力的職位，書籍實際上遭禁，而且並非遭政府禁，而是遭那些控制書籍之批量配送的有力組織禁掉。

我認為，右派民粹主義者和左派進步人士不滿於今日的自由主義，並非因為自由主義本身有個根本弱點，他們其實不滿於過去幾十年自由主義的演變。從一九〇七年代後期起，經濟自由主義已演變為今日所謂的新自由主義，而這個新自由主義大幅惡化經濟上的不平等，導致了全球許多國家的一般老百姓受害遠甚於有錢菁英的金融危機。進步派反對自由主義，反對與自由主義關係密切的資本主義制度，而其反對的理由，就以上述的不平等為核心論點。一體適用的自由主義規則，保護每個人的權利，包括那些不願放掉財富和權力而阻礙被拒於門外之群體得到社會正義的既有菁英。自由主義構成市場經濟的意識形態基礎，因此，在許多人眼中，和資本主義所導致的不平等脫離不了干係。在歐美，許多已等得不耐煩的年輕Z世代，認為自由主義是已過時嬰兒潮世代的觀點，係無力改革自己的一個「體制」。

與此同時，個人自主觀不斷擴大，最終被視為比其他各種美好生活觀，包括傳統宗教、文化所提供的那些美好生活觀，還要重要的東西。保守派認為這威脅到他們所最堅持的信念，認為自己受到主流社會的歧視。他們覺得社會菁英正運用多種不民主的手段——控制主流媒體、大學、法院、行政權——來推動他們所設定的目標。保守派在此時期的歐美拿下多場選舉一事，似乎完全未能放緩文化改變的浪潮。

對於晚近幾十年自由主義的演變所衍生的這些不滿，已導致左右兩派都要求以另一種體制徹底取代自由主義。就右派來說，有人致力於操縱美國的選舉制度，以確保不管民意選擇為何，保守派都能繼續掌權；另有人則考慮使用暴力和威權統治回應他們眼中的威脅。就左派來說，則要求大規模重新分配財富和權力，根據種族、性別之類固定的特性識別群體而非個人，以及推動拉平群體所得的政策。這些全不可能在得到廣泛社會共識下實現，因此進步派樂於繼續用法院、行政機關，以及他們龐大的社會、文化支配力去推動此目標。

自由主義所受到的上述左右派威脅並非一樣大。來自右派的威脅較迫近且較偏重於政治方面；來自左派的威脅則主要在文化方面，因而作用較緩。這兩種威脅都源於對自由主義的不滿，但這些不滿與自由主義的本質無關，而是與某些明智的自由主義理念被解讀並推到極端的方式有關。要化解這些不滿，其辦法不是揚棄自由主義，而是予以節制。

本書計畫如下。第一章界定自由主義，提出三大歷史理由證明自由主義的正當。第二、三章檢視經濟自由主義如何演變成較極端的「新自由主義」，如何挑起對資本主義本身的強烈反對和不滿。第四、五章考察個人自主這個基本的自由主義原則，如何被奉為不容質疑的圭臬，如何演變為對自由主義所依據之個人主義和普世主義的批判。第六章探討由進步左派所率先提出、但不久就擴及至民粹右派的對近代自然科學的批判。第七章描述現代科技如何挑戰言論自由這個自由主義原則。第八章探討左派和右派是否有可替代自由主義且切實可行的方案。第九章檢視國家認同的需要對自由主義所構成的挑戰。第十章闡述欲讓世人對古典自由主義重拾信心所需要的大原則。

撰寫此書並非意在介紹自由主義思想的沿革。已有數十位重要作家助力鼓吹自由主義傳統，但多年來批評自由主義的人也一樣多。[3]已有數百、甚至數千本書各抒己見。我想把重點擺在我眼中作為當今自由主義之基礎的核心觀念，以及自由主義理論本身的某些嚴重弱點。

撰寫此書時，正值自由主義面臨諸多批判、挑戰，而且在許多人看來，自由主義是個古老、過時、無力應對當今挑戰的意識形態。自由主義受到批評，這並非頭一遭。自由主義於法國大革命後被喚醒成為活意識形態（living ideology）後，立即受到持浪漫主義立場的批評者抨擊，這些人認為自由主義建立在別有居心且呆板的世界觀上。接著，自由主義受到一次大戰時已席捲人心的民族主義者和反對民族主義者的共產主義者攻擊。在歐洲之外，自由主義學說扎根於印度之類的某些社會，但迅即受到民族主義運動、馬克思主義運動、宗教運動挑戰。

但自由主義捱過這些挑戰，二十世紀末已成為世界多地政治的主要指導原則。自由主義的歷久不衰，反映了它在實踐上、道德上、經濟上具有存在的正當性，從而打動了許多人，尤以在他們被他種政治制度所致的暴力鬥爭搞得身心俱疲之後為然。自由主義不是如俄羅斯領導人普丁（Vladimir Putin）所說的「過時」學說，而是在當今多元且互聯互通的世界裡依舊不可或缺的學說。因此，不只有必要重申為何該行自由主義政治的理由，還有必要說明為何今日許多人覺得自由主義不符要求的理由。

尤其二〇一六年起，有許多書籍、文章、宣言剖析自由主義的缺點，針對自由主義需要如何因應當前情勢提出建議。[4]我把人生許多歲月花在研究、教授公共政策和撰文談公共政策上，針對可用來改善我們當今自由主義民主國家裡之生活的具體作為，有許多想法。但本書未詳列這些作為，而是把重點擺在作為自由主義制度之基礎的那些基本原則上，以揭露它們的某些缺點，據此提出克服這些缺點的辦法。不管有什麼樣的缺點，我想要讓大家知道，這些基本原則依舊優於違反自由主義原則的他條路子。至於從大原則擬出較具體的政策一事，則有勞於其他人。

我要感謝我在英國 Profile Books 公司的出版商 Andrew Franklin 力促我寫下此書。Andrew 已出版了我此前全部九本書，數十年來主編、支持了許多書的出版。我也要感謝我在美國 Farrar、Straus 和 Giroux 公司的主編 Eric Chinski，他在風格和實質上都給了寶貴的意見。我的出版經紀人 Esther Newberg、Karolina Sutton、Sophie Baker，在使此書得以呈現於更多讀者面前上，一如既往貢獻卓著。二〇二〇年秋，我與 Jeff Gedmin 等同僚共同成立了新線上刊物 *American Purpose*，我為該刊寫下最重要文章，本書即根據該文寫成。[5] 那篇文章意在說明 *American Purpose* 的宗旨，希望那會為我們目前正在打的政治、意識形態抗爭助一臂之力。我要感謝我在該雜誌的同僚和職員，感謝Samuel Moyn、Shadi Hamid、Ian Bassin、Jeet Heer、Dhruva Jaishankar、Shikha Dalmia、Aaron Sibarium、Joseph Capizzi、Richard Thompson Ford針對原文提出的意見。最後我要感謝研究助理 Ben Zuercher 的協助。

注釋

1. Deirdre McCloskey, *Why Liberalism Works: How True Liberal Values Produce a Freer, More Equal, Prosperous World for All* (New Haven, CT: Yale University Press, 2019).
2. See *Freedom in the World 2021: Democracy Under Siege* (Washington, DC: Freedom House, March 2021), which downgrades the freedom scores of both the US and India in 2020; Larry Diamond, "Facing Up to the Democratic Recession," *Journal of Democracy* 26 (2015): 141–55.
3. See for example Edmund Fawcett, *Liberalism: The Life of an Idea* (Princeton, NJ: Princeton University Press, 2014); Helena Rosenblatt, *Lost History of Liberalism* (Princeton, NJ: Princeton University Press, 2018); Larry Siedentop, *Inventing the Individual: The Origins of Western Liberalism* (London: Allen Lane, 2014); John Gray, *Liberalisms: Essays in Political Philosophy* (London and New York: Routledge, 1989).

4. Edward Luce, *The Retreat of Western Liberalism* (New York: Atlantic Monthly Press, 2017); Timothy Garton Ash, "The Future of Liberalism," *Prospect* (December 9, 2020).

5. Francis Fukuyama, "Liberalism and Its Discontents," *American Purpose* (October 3, 2020).

第一章

何謂古典自由主義？

Liberalism and Its Discontents

自由主義有數大特點，使其有別於其他學說和政治制度。用約翰．格雷（John Gray）的話說：

各種大同小異的自由主義傳統，針對人和社會，都有一個明確且在本質上明顯屬於現代的概念……自由主義是**個人主義的**，因為它主張個人在道德上的首要地位，超越任何出於社會集體需要的要求；自由主義賦予所有人同樣的道德地位，認為人與人在道德價值上的差異與法律秩序或政治秩序無關，從這點來看，自由主義是**平等主義的**；自由主義是**普世主義的**，肯定人類的道德一體性，把特定的歷史關聯和文化形式視為次要的；自由主義是**社會改善論的**，因其肯定所有社會制度和政治安排都可以修正和改善。就是這個針對人和社會的看法，使自由主義有了不受其內部之巨大多樣性和複雜性所拘的明確身分。[1]

自由主義社會把權利賦予個人，其中最根本的權利是自主權，亦即能在言論、結社、信仰方面，以及最終在政治生活方面，作出選擇的權利。自主權包括擁有財產、從事經濟活動的權利。久而久之，自主權也會包括透過投票權分享政治權力的權利。

不消說，早期的自由主義者認為只有某些人有資格享有權利。在美國等「自由主義」體制國家，這類人最初只限於擁有財產的白人，後來擴及其他社會群體。但這些權利上的限制，與霍布斯（Thomas Hobbes, 1588-1679）、洛克（John Locke, 1632-1704）等自由主義理論家的著作、美國獨立宣言或法國大革命人權和公民權宣言裡的人類平等主張相忤。理論與現實間的緊張，促使自由主義制度往更大範圍、更具包容性地承認人類平等的方向演進，而與挑明只讓某些種族、民族、性別、教派、種姓或地位團體享有權利的民族主義學說或以宗教為基礎的學說大相逕庭。

自由主義社會把權利載明於正式法律，於是往往極重視程序。法律只是一套說明衝突如何解決、集體決定如何作的明確規則，而且這些規則體現在一套法律制度裡，這些制度具有某種程度的自主性，不盡然受政治制度的其他部分左右，以免遭追求短期利益的政治人物濫用。在大部分的先進自由主義社會，這些規則隨著時日推移日趨複雜。

自由主義常被歸入「民主主義」一詞底下，但嚴格來講，自由主義和民主主義建立在不同的原則和制度上。民主主義意指民治，如今透過所有成人都享有選舉權的定期自由、公正多黨選舉來實現。我所謂的自由主義，則指法治，亦即一套限制行政權的正式規則，即使行政部門透過選舉民意加持取得正當性亦然。因此，談到自二次大戰結束以來盛行北美、歐洲、東亞和南亞部分地區、世上其他地方的那種體制時，應稱之為「自由主義民主政體」才貼切。美國、德國、法國、日本、印度在二十世紀下半葉時都已是公認的自由主義民主國家，但某些國家，例如美國和印度，最近幾年一直在倒退。

晚近幾年受到最猛烈抨擊者，係自由主義，而非民主主義。如今只有少許人主張政府不應反映「人民」的利益，連獨裁體制鮮明的國家，例如中國或北韓，都聲稱為「人民」服務。普丁依舊不得不定期舉行「選舉」，似乎在意人民支持與否，世界各地其他許多實際上走威權統治路線的領導人亦然。另一方面，普丁說自由主義是「過時的學說」，[2]竭力使批評者噤聲，關押、殺害或騷擾反對者，消滅任何獨立自主的公民空間。中國的習近平抨擊共產黨權力應受限制之說，緊縮對中國社會各方面的掌控。匈牙利的維克托・奧爾班挑明要在歐盟心臟地帶建造一個「反自由主義原則的民主國家」。[3]

自由主義民主政體倒退時，自由主義制度扮演如同煤礦場金絲雀的角色，提醒人更大範圍的威權主義攻擊就要到來。自由主義制度藉由限制行政權來保護民主過程；這些制度一旦受損，民主本身就遭攻擊。然後，選舉結果可透過不公正劃分選區、選民資格規定或不實的選舉舞弊指控予以操控。民主的敵人無視民意，就是要繼續掌權。川普對美國制度的諸多攻擊裡，最嚴重的是不願承認二〇二〇年總統大選敗選和不願將權力平和轉移給繼任者。

正常情況下，我認為自由主義和民主主義都是在道德上站得住腳，而且是實際政治所不可或缺。它們是良治的三大支柱之二，作為對第三個支柱——現代國家——的約束，兩者至為重要（我在《政治秩序的起源》系列裡對這點有頗為詳細的闡述）。[4]目前的自由主義民主危機與民主有關，但與自由主義制度的關係更大。此外，經濟成長、現代世界的繁榮和民主的關係，遠不如其與自由主義的關係來得大。誠如本書第二、三章會提到的，未考慮到平等、正義的經濟成長，有時會帶來很大麻煩，但成長依舊是社會追求其他多數美好事物必要的先決條件。

數百年來，關於自由主義社會為何值得追求，有人提出三個根本理由。第一個理由出於實際考量：自由主義是制約暴力、使各種居民得以和平相處的辦法。第二個理由出於道德考量：自由主義保護人的基本尊嚴，尤其保護人的自主權——每個人自作選擇的能力。第三個理由出於經濟考量：自由主義保護財產權和交易自由，從而促進經濟成長和隨著成長而來的所有美好事物。

自由主義與某幾種認知能力，尤其與科學方法，關係非常密切，而科學方法被視為理解、操縱外在世界的最佳工具。個人被認為是自身利益的最佳判定者，能在作出這些判定時接納並測試關於外界的經驗性資訊。判定必然不盡相同，但自由主義相信，在自由流動的觀念市場裡，好的觀念最終會透過細想和證據逐走不良的觀念。

出於現實利害支持自由主義一說，需要從自由主義觀念初誕生所在的那個歷史大環境來予以理解。自由主義出現於十七世紀中期歐洲的宗教戰爭快要結束之時。歐洲的數場宗教戰爭，造成一百五十年幾乎不間斷的暴力，而引爆點是宗教改革。據估計，中歐多達三分之一人口死於三十年戰爭期間，即使不是直接死於暴力，也是死於軍事衝突後出現的飢荒、疾病。歐洲的宗教戰爭受經濟、社會因素驅動，例如受想要奪取教會財產的君王貪婪之心驅動。但宗教戰爭的凶殘，源於交戰各方代表了想要強迫人民接受自家宗教教義的不同基督教教派。馬丁・路德（Martin Luther, 1483-1546）與皇帝查理五世（Charles V,

1500-1558）爭鬥；天主教聯盟在法國境內打胡格諾派教徒（Huguenots）；亨利八世（Henry VIII, 1491-1547）欲使英格蘭教會脫離羅馬管轄；新教陣營、天主教陣營裡有種種衝突，如聖公會的高教會派和低教會派（high and low Church Anglicans），慈運理派（Zwinglians）和路德宗（Lutherans）的衝突，以及其他許多衝突。在這個時期，異端人士常因為公開聲稱相信「聖餐變體」（transubstantiation）之類事物，而遭燒死於火刑柱上，或被馬拉至行刑場閹割、挖出臟器、斬首，然後把身體分成四塊。如此殘酷的行徑，光從經濟動機去解釋，說不通。

自由主義欲降低政治活動的衝勁，不是為了找到宗教所界定的那種美好生活，而是為了保住生命本身，亦即為了和平和安定。寫作於英格蘭內戰期間的霍布斯擁護君主政體，但認為公權力強大的國家，主要目的是為確保人類不致回到「每個人對付每個人」的戰爭狀態。據他的說法，擔心遭暴力殺害的心態，係最強烈的情感，凡是人都有的情感，而宗教信仰則不然。因此，國家的首要職責是保護活命權。這是美國獨立宣言中「生命、自由、追求幸福」一語的遙遠根源。洛克以此為基礎，進一步論到，生命也可能受到暴虐政府威脅，必須以「被治理者的同意」約束政府本身。

因此，可以把古典自由主義理解為解決管理多樣性這個難題，或稍稍換個措詞，是為了解決在多元社會裡平和管理多樣性這個難題，而提出的一個體制性辦法。自由主義所尊崇的最根本原則係寬容原則：你不必贊同本國其他人對最重要之事的看法，但唯獨要認同一點，即應讓每個人在不受你或官方的干預下決定什麼是最重要的事。自由主義使「最後目的為何」這個問題不納入討論，藉此降低政治溫度：你可以相信自己想追求的東西值得追求，但必須在私生活裡這麼做，絕不可強要其他國人接受你的看法。

自由主義社會管理得了多樣性，但並非每種多樣性都能管理得了。如果社會中有不少人不接受自由主義原則，想要限制他人的基本權利，或者碰到國人為了順遂己意而訴諸暴力的情況，自由主義就不足以維持政治秩序。一八六一年美國因蓄奴問題而分裂，而在那之前，美國就處於這樣的情況，後來演變為內戰，也是因為這情況。冷戰期間，西歐的自由主義社會面臨法國、義大利境內歐洲共產黨所帶來的類似威脅，在當今中東，自由主義民主的前景，則因為埃及穆斯林兄弟會之類伊斯蘭主義政黨讓人深深覺得恐怕不會接受自由主義遊戲規則，而變得黯淡。

多樣性能以多種形式呈現：在十七世紀歐洲，多樣性呈現在宗教上，但多樣性也可能建立在國籍、族群、種族或其他種信仰上。拜占庭社會則因「藍派」（Blues）、「綠派」（Greens）的尖銳對立而分裂。「藍派」、「綠派」係戰車競賽場上的兩支競技隊伍，分別對應信仰基督一性論派（Monophysite）、一志論派（Monothelite）教義的基督教教派。波蘭如今是歐洲境內族群、宗教同質程度最高的社會之一，卻因為社會群體的對立而激烈兩極化，其中一類社會群體以境內有許多來自不同地方、文化的人的城市為大本營，與之對立者，則是鄉村較保守的群體。人類很善於區隔彼我，分成不同群體，然後群體與群體作有形或無形的爭戰；因此，多樣性是許多人類社會的共通特點之一。

自由主義最重要的賣點，依舊是存在於十七世紀那種務實取向的自由主義。如果印度或美國之類多樣性社會偏離自由主義原則，欲以種族、族群、宗教或其他觸及實質層面的美好生活觀作為國家認同的基礎，那就是欲走回可能訴諸暴力的衝突之路。美國於內戰期間受害於這類衝突，莫迪的印度改以印度教作為國家認同的基礎，則是在召喚宗教族群暴力。

自由主義社會值得追求的第二個理由出於道德考量：自由主義社會賦予其人民平等的自主權，藉此保護人的尊嚴。能作出根本的人生抉擇一事，係人之所以異於禽獸的重要特性之一。每個人都想要決定自己的人生目標：要以什麼謀生、要嫁誰娶誰、要住在哪裡、要和誰來往和交易、要說什麼和如何說、要信什麼。正是這一自主權，賦予人尊嚴，而且與智力、外貌、膚色或其他次要特性不同的，這是凡是人都有的特性。法律賦予並執行公民表達言論、結社、信仰的權利，藉此保護最起碼的自主權。但隨著時日推移，自主權已包含分享政治權力和透過投票權參與自治的權利。因此，自由主義已和民主主義綁在一塊，民主主義可以視為集體自主權的表現。

把自由主義視為保護人基本尊嚴的手段一說，法國大革命時已出現於歐洲，如今則以「尊嚴權」的形式寫入世界各地無數自由主義民主國家的憲法中，而且出現在德國、南非、日本等形形色色之國家的基本法裡。要當今政治人物說清楚哪個人類特質賦予人平等的尊嚴，大部分人會覺得難以辦到，但他們會隱約覺得，平等的尊嚴意味著人能作出抉擇，能在不受政府或更大社會的不當干預下決定自己的人生方向。

根據自由主義理論，這些權利為所有人所共享，一如美國獨立宣言開頭所言「我們認為這些真理不證自明，即人人生而平等。」但實際上，自由主義制度在人與人間作出令人反感的區分，未把它們轄下的所有人都視為享有完整權利的人。美國直到內戰後通過憲法第十四、十五、十六修正案，才給予非裔美國人公民身分和選舉權，「南部重建時期」（Reconstruction，一八六五～一八七七）後，又可恥的收回這些權利，直至一九六〇年代「民權」時期為止。美國直到一九一九年通過第十九修正案，才給予婦女投票權。同樣的，歐洲民主國家也是以漸進方式讓所有成人享有選舉權，在直至二十世紀中期為止的一段過程裡，慢慢拿掉以擁有財產、性別、種族為基礎的選舉權限制。[6]

自由主義值得追求的第三大理由，與其和經濟成長、現代化的關連性有關。對十九世紀許多自由主義者來說，最重要的自主權，係能在市場經濟裡自由買賣、投資一事。從理論上講，理由不難理解：如果創業者認為資金會在隔年遭政府、商場競爭者或犯罪組織侵吞，沒有哪個創業者會冒險把錢投入生意。財產權需要得到大型法律機制支持，這一法律機制包括由獨立自主的法院、律師、律師界、能利用其公權力執行對當事人不利之判決的政府所構成的體系。

自由主義理論不只贊同在國界內買賣的自由；而且早早就支持國際的自由貿易體制。亞當・斯密（Adam Smith, 1723-1790）一七七六年《國富論》說明了對貿易施加的重商主義限制（例如西班牙帝國規定西班牙帝國的貨物只能用西班牙船運至西班牙的港口），極無效率。李嘉圖（David Ricardo, 1772-1823）以其比較優勢理論，為現代貿易理論奠定基礎。自由主義制度未必照這些理論的要求走：例如英美兩國用關稅保護自家初萌的產業，直到那些產業壯大到能在沒有政府協助下與對手競爭時，才撤掉關稅。但自由主義和商業自由在歷史上的關連性很密切。

財產權是最早受到新興自由主義制度保障的權利之一，比結社權或投票權還早許多。最早確立健全之財產權的兩個歐洲國家是英格蘭和荷蘭，兩國都發展出創業型商業階層，經濟急速成長。在北美，在諸殖民地於政治上獨立自主之前，就有英國普通法保護財產權。德意志的法治國（Rechtsstaat），建立在普魯士一七九二年「一般邦法」（Allgemeines Landrecht）之類的民法典上，在德意志土地出現民主跡象之前許久，就保護私人財產。獨裁但採行自由主義的德意志，一如美國，十九世紀後期急速工業化，二十世紀初已成為經濟大國。

古典自由主義和經濟成長之間的關連並非無足輕重。西元一八〇〇年至今，自由主義世界的人均產出成長了將近三十倍。[7]不管貧富，都受惠於這些經濟成長，普通工人享有的健康、壽命、消費能力，係更早時大部分生活最優渥的菁英所不能及。

財產權在自由主義理論裡占據最重要地位，意味著提倡自由主義最力的人士往往是經濟現代化所附帶產生的新興中產階層——馬克思（Karl Marx, 1818-1883）曾稱之為資產階級的那群人。一七八九年立下網球場宣言（Tennis Court Oath）的那些法國大革命的最早支持者，大多是想要阻止君主侵犯其財產權且對於將投票權擴及無套褲漢（譯按：sans-culottes，貴族對貧苦共和主義者的蔑稱）興趣缺缺的中產階級律師。美國建國先賢亦是這樣的人，幾乎全是事業有成的商人和種植園主。詹姆斯·麥迪遜（James Madison, 1751-1836）在其〈維吉尼亞制憲會議演說〉（Address at the Virginia Convention）中主張：「人的權利，還有財產權，係成立政府所要保護的東西。」在《聯邦黨人文集》（*The Federalist Papers*）第十篇（Federalist 10）中他指出對財產的必要保護，必然導致社會階級和不平等：「保護不同且不平等的獲取財產本事，立即產生不同程度、不同種類之財產的持有；這些對各個財產所有人之心態和看法的影響，則使社會分化為不同利益團體和黨派。」[8]

自由主義目前碰到的難題並非頭一遭；數百年來這個意識形態得勢又失勢，但憑藉其固有的長處，始終重出江湖。自由主義源於歐洲的宗教衝突；國家不應強要他人接受自己的教派觀點這個原則，有助於穩定一六四八年《西發里亞和約》簽訂後的歐陸局勢。自由主義是法國大革命的早期推手之一，而且在民主勢力想要打破上層、中層菁英對參政權的壟斷時，最初站在民主勢力那一邊。但支持平等者和支持自由者分道揚鑣，創造出最終被拿破崙主掌之新帝國取代的革命獨裁政權。但這個新帝國在透過法律——拿破崙法典——將自由主義擴及歐洲遙遠角落上居功厥偉。然後，這個法典成為歐洲自由主義法治的基石。

法國大革命後，自由主義者被左右派學說撇到一旁。這場革命催生出自由主義的下一個主要的競爭者，即民族主義。民族主義者主張，政治管轄範圍應和大抵靠語言和族群劃定範圍的文化單位一致。他們不接受自由主義的普世主義，欲把權利主要授予他們所中意的群體。十九世紀時，隨著時日推移，原本立基於王朝的歐洲，改以民族為基礎自我整頓，義大利、德意志統一，多族群的鄂圖曼、奧匈兩帝國境內民族主義騷亂日益嚴重，一九一四年演變為第一次世界大戰，奪走數百萬條性命，並為一九三九年的第二場全球戰爭鋪路。

一九四五年德義日戰敗，為自由主義重新作為民主世界的最高意識形態打下基礎。歐洲人看清以排他性、侵略性的民族觀為原則處理政治事務的愚蠢，先後成立歐洲共同體和歐盟，以使舊民族國家受講究合作的超國家結構節制。

讓個人享有自由，也意味著讓歐洲列強所征服的殖民地人民享有自由，歐洲人的海外帝國因此迅速瓦解。在某些情況下，歐洲人主動讓殖民地獨立；在某些國家，宗主國以武力抗拒民族解放。一九七〇年代初葡萄牙的海外帝國瓦解，這一過程才徹底走完。美國在打造一組新國際機構上貢獻甚大，這些機構包括聯合國（和與其有關的布列敦森林組織，例如世界銀行和國際貨幣基金會）、關稅暨貿易總協定及接替關貿總協的世界貿易組織，和北美自由貿易協定之類的地區性合作組織。美國的軍力和其對北大西洋公約組織所擔負的義務，以及美國與日本、南韓之類國家所簽的一連串雙邊同盟條約，支撐了使歐洲和東亞在冷戰期間趨於穩定的全球安全體制。

自由主義的另一個重要競爭者是共產主義。自由主義透過其對個人自主權的保護和民主主義站在同一邊，個人自主權意味著司法上的平等和政治自主選擇權、選舉權。但誠如麥迪遜所論，自由主義未促成所得的平等，從法國大革命起，矢志保護財產權的自由主義者和想要透過有力政府重新分配財富和所得的左派之間關係一直很緊張。在民主國家，這樣的左派呈現為以日益壯大的勞工運動為基礎的社會主義黨或社會民主黨，例如英國的工黨或德意志社會民主黨。但立場較激進的民主平等提倡者，在馬列主義大旗下自成一派，願意徹底揚棄自由主義的法治原則，把權力授予獨裁政體。

對於一九四五年後成形的自由主義國際秩序來說，最大威脅來自前蘇聯和其在東歐、東亞的共黨盟友。侵略性民族主義或許已在歐洲遭打敗，但在開發中世界，它成為動員民心的有力根源，得到蘇聯、中國、古巴等共產國家支持。但前蘇聯瓦解於一九八九至一九九一年，馬列主義所謂的正當性跟著灰飛煙滅。在鄧小平主政下，中國轉向市場經濟，欲融入方興未艾的自由主義國際秩序，加入歐盟、北大西洋公約組織之類既有之國際組織的許多前共產國家亦然。

因此，二十世紀後期，在整個已開發世界，自由主義和民主主義共存，而且是大抵愉快的共存。自由主義對財產權和法治的支持，為二次大戰後強勁的經濟成長打下基礎。自由主義和民主主義的搭檔關係，降低了市場競爭所導致的不平等，而普遍的繁榮使民選立法機關得以打造出重分配性質的福利國體制。不平等受到控制且容忍，因為大部分人能看出自己的生活在改善。馬克思主義所預測的無產階級漸漸貧苦之事始終未發生；反倒工人階級看到自己所得增加，從原本反對此體制轉變為支持此體制。一九五〇至一九七〇年代這段期間——法國人所謂的「輝煌三十年」（les trentes glorieuses）——因此是已開發世界裡自由主義民主政體的黃金時代。

在這時期，不只經濟成長，社會不平等也拉大。一九六〇年代冒出一連串社會運動，首先是要求社會實現其自由主義原則，讓人人皆有尊嚴的民權運動和女權革命。共產社會聲稱已解決和種族、性別有關的問題，但在西方自由主義民主國家推動社會轉型者，係草根動員而非自上而下的命令，因而更為徹底。在不盡完全且持續進行至今的過程裡，自由主義社會裡擁有權利的個人繼續增加。

如果需要為自由主義這個意識形態的正面作用找證據，只消看看一連幾個亞洲國家幾十年間就從貧窮發展中國家躋身已開發國家之列一事。日本、南韓、臺灣、香港、新加坡在經濟高速成長期時並非民主國家，但採用了重要的自由主義制度，例如保護私人財產權和敞開大門迎接國際貿易，使它們得以利用全球資本主義體制壯大自己。一九七八年鄧小平在中國所施行的改革，例如家庭聯產承包責任制或鄉鎮企業制，以有所限制的財產權和讓農民、創業家享有自己勞動成果、藉此鼓勵他們冒險的措施取代中央計畫。有許多著作說明東亞諸國從未走類似美國那種具有市場資本主義一應特徵的經濟發展路線——歐洲資本主義看來也大不相同。[9]在東亞和歐洲，官方在鼓勵經濟成長上所扮演的角色，依舊比在美國吃重許多。但這類「開發型國家」依舊倚賴私人財產權和激勵措施之類的自由主義制度來促成傲人的經濟成長。

但自由主義也有數個缺點，其中某些缺點肇因於外部情勢，其他缺點則是自由主義所固有。大部分學說或意識形態，一開始都有一個千真萬確、乃至振聾發聵的核心見解，但隨著該見解被推得太過頭——學說變成被拿來強迫他人接受的教條——就變得不對勁。

自由主義左派、右派都把自由主義的核心原則推得太過火，致使這些原則反受其害。自由主義的核心理念之一，係看重並保護個人自主權。但這一基本價值觀有時被推得太過頭。就右派來說，自主權主要意味著不受官方干預自由買賣的權利。經濟自由主義把這個觀念推到極端，在二十世紀後期變成「新自由主義」，導致駭人的不平等（接下來兩章的主題）。就左派來說，自主權意味著個人可以在過什麼樣的生活、要看重或看輕什麼上自己作主，可以抵抗所處社會強加的社會規範。自由主義在這條路上一逕往前走，在演變為現代認同政治時，開始自毀其寬容前提。然後，這些走過頭的自由主義招來激烈反彈，從而產生威脅今日自由主義的右派民粹主義運動和左派進步運動。

注釋

1. John Gray, *Liberalism* (Milton Keynes, UK: Open University Press, 1986), p. x.
2. See "Vladimir Putin Says Liberalism Has 'Become Obsolete'"in the *Financial Times* (June 27, 2019) https://www.ft.com/content/670039ec-98f3–11e9–9573-ee5cbb98ed36.
3. See Csaba Toth, "Full Text of Viktor Orban's Speech at Baile Tusnad of 26 July 2014," *The Budapest Beacon* (July 29, 2014).
4. Francis Fukuyama, *The Origins of Political Order: From Prehuman Times to the French Revolution* (New York: Farrar, Straus and Giroux, 2011); *Political Order and Political Decay: From the Industrial Revolution to the Globalization of Democracy* (New York: Farrar, Straus and Giroux, 2014).
5. See the examples given in Dominic J. Packer and Jay Van Bavel, *The Power of Us: Harnessing Our Shared Identities to Improve Performance, Increase Cooperation, and Promote Social Harmony* (New York and Boston: Little, Brown Spark, 2021).

6. For an account of this process, see Fukuyama (*Political Order and Political Decay*, 2014), chapter 28.
7. McCloskey (2019), p. x.
8. James Madison, Federalist No. 10 "The Same Subject Continued: The Union as Safeguard Against Domestic Faction and Insurrection," *Federalist Papers* (Dublin, OH: Coventry House Publishing, 2015).
9. For a summary, see Stephan Haggard, *Developmental States* (Cambridge, MA; New York: Cambridge University Press, 2018); and Suzanne Berger and Ronald Dore, *National Diversity and Global Capitalism* (Ithaca, NY: Cornell University Press, 1996).

第二章

從自由主義到新自由主義

Liberalism and Its Discontents

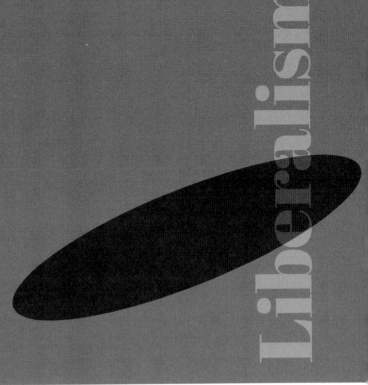

自由主義理念在數個重要領域被人推得太過頭，其中之一是經濟思想領域，並在此領域演變成所謂的「新自由主義」。

如今新自由主義一詞常被當成帶貶義的資本主義同義詞，但從狹義的角度將它用來形容一個經濟思想學派，應會更貼切。這個學派往往與芝加哥大學或奧地利學派有關，且與米爾頓・傅利曼（Milton Friedman, 1912-2006）、蓋瑞・貝克（Gary Becker, 1930-2014）、喬治・史蒂格勒（George Stigler, 1911-1991）、路德維希・馮・米塞斯（Ludwig von Mises, 1881-1973）、佛里德里希・海耶克（Friedrich Hayek, 1899-1992）之類經濟學家有關。海耶克大大貶低官方在經濟裡的角色，強調自由市場在推動成長和有效率分配資源上的作用。這些經濟學家（其中多人拿到諾貝爾獎），為一九八〇年代雷根（Ronald Reagan, 1911-2004）、柴契爾夫人（Margaret Thatcher, 1925-2013）力挺市場、反對國家干預個人、社會、經濟的政策，提供了高深的理由。柯林頓（Bill Clinton）、布萊爾（Tony Blair）之類中間偏左政治人物續行這些政策，推動本國經濟的鬆綁和私有化，其作法為二〇一〇年代後期民粹主義的興起打下了基礎。這一力挺市場的共識，被一整代年輕人吸納，其中許多人後來因二〇〇八年嚴重金融危機、二〇一〇年歐債危機以及接下來的經濟困頓而幻滅。[1]

就較通俗的層面來說，新自由主義和美國人所謂的自由意志論關係密切。自由意志論的根本原則係敵視管得太多的官方，相信個人自由至高無上。自由意志論者與芝加哥學派經濟學家聯手敵視官方對經濟的管制，都認為政府只會是充滿幹勁的創業家、創新者的絆腳石。但個人自由至高無上論使他們也反對官方在社會事務上的作為。他們極力批評幾十年來在大部分自由主義民主國家裡所打造的龐大且看來不斷在擴大的福利國體制，不贊同官方出手管制吸毒、性交之類的個人行為。有些自由意志論者認為個人死活完全是個人自己的事。較用心思考的人主張，透過私人作為，比透過官方龐大行政系統，更能滿足社會需要，不管是靠私部門本身，還是在公民社會組織（亦即非營利組織、教會、志工團體之類）裡，皆然。

雷根–柴契爾的新自由主義革命，以某些真實存在的問題合理化其作為，而且解決了這些問題。過去一百五十年，開發中世界的經濟政策，擺盪於兩個極端之間。十九世紀是無管制市場資本主義的黃金時代，官方幾乎未出手保護個人使免遭殘酷無情資本主義傷害，或抑制頻頻發生的衰退、蕭條、銀行業危機的衝擊。

到了二十世紀初，一切改觀。一八八〇年代起，「進步時代」（Progressive Era）改革者為管制型國家打下基礎，在美國，這方面的作為始於州際商業委員會（Interstate Commerce Commission）管制正在各地大量鋪設的鐵路一事上。謝爾曼、克萊頓、聯邦貿易委員會三法案（Sherman, Clayton, and Federal Trade Commission Acts），讓政府有權力限制壟斷性企業的成長，一九〇八年嚴重的銀行業危機催生出美國聯邦儲備體制。大蕭條（Great Depression）催生出多個管制性機構，例如證券與交易委員會（Securities and Exchange Commission），以及負責建立養老金的社會安全局（Social Security Administration）。一九三〇年代全球資本主義危機，使政府可以更為理直氣壯的傷害民間市場，導致包羅廣泛的管制性、福利國體制在歐洲和北美興起。

至一九七〇年代，鐘擺已擺盪至官方過度控制。歐美經濟的許多部門受到過度管制，對社會福利體系大筆撥款，使許多富國債務負擔暴增。經過將近三十年幾無間斷的經濟成長，世界經濟於一九七三年中東戰爭和石油輸出國家組織把油價調漲三倍後猛然中止成長。經濟成長漸漸走上停滯，隨著全球經濟努力適應較高的能源價格，世界各地通膨飆升。開發中世界受創最嚴重，金融中心銀行把剩餘的石油收益回收再利用，轉化為拉丁美洲和漠南非洲國家用來維持生活水平的債務。此舉最終不可能長久；一個接一個國家未履行其主權債務，就業率暴跌，陷入極度通膨。針對這些問題，國際金融機構採用芝加哥學派所擬的解方：財政撙節、彈性匯率、解除管制、私有化、嚴格控制國內貨幣供給。

在美國等已開發國家，解除管制和私有化有其益處。隨著官方撤銷其對價格的普遍管制，航空公司機票價格和貨運費率開始下跌。柴契爾最令人佩服的一刻，出現在其與亞瑟．斯卡爾吉爾（Arthur Scargill）和煤礦工會對峙時：在當時的經濟發展階段，英國開採煤礦並不明智，擁有英國鋼鐵公司或英國電信公司之類的國營事業亦然，交由民間經營反倒較有效率。經過一九七〇年代這個慘淡的十年，英國經濟復甦，而這主要得歸功於新自由主義政策。

但新自由主義政策推行過頭，反倒適得其反。市場運作效率較高一籌之說的確有其道理，但此說演變成像是不容質疑的宗教教義，基於原則一律反對官方干預。例如，即使本就該獨家經營的事業，例如公用事業，政府還是推動私有化，從而導致墨西哥電信公司私有化之類畫虎不成反類犬的離譜情事。就墨西哥電信一例來說，國營的電信獨占事業變成民間企業，為卡洛斯．斯利姆（Carlos Slim）躋身為世界首富之列，大開了方便之門。

有些最嚴重的後果出現在前蘇聯。前蘇聯瓦解於新自由主義意識形態最意氣風發之時。社會主義中央計畫體制已因為世界各地共黨國家經濟一塌糊塗而受到唾棄。但許多經濟學家相信，一旦揚棄中央計畫體制，私有市場會立即自然形成。他們未能理解到市場本身，只在官方以有效的法律體系嚴格管制市場，讓法律體系有能力執行與透明度、合約、所有權之類事物有關的規則時，才會運行。於是，蘇聯經濟被精明的寡頭統治集團成員大塊大塊吃掉，如今在俄羅斯、烏克蘭等前共產國家，這些人的惡劣影響仍未消失。

就在新自由主義推動長達二十年的快速經濟成長時，新自由主義也破壞了全球經濟的穩定，抵消了本身的成就。在實體經濟的許多領域裡，鬆綁有益，但一九八〇、九〇年代用在金融領域時，禍害就甚大。前美聯儲主席艾倫・葛林斯潘（Alan Greenspan）和當時其他多位經濟學家認為，金融界會管好自己。但金融機構行事大不同於實體經濟裡的公司。與製造業公司不同的，大型投資銀行一出問題會禍及整個體系，如果該銀行過度冒險，一旦出事，整個經濟都要付出龐大代價。二〇〇八年九月雷曼兄弟公司破產，世界經濟就受到這樣的波及，當時全世界數千個交易對手，因為受到雷曼兄弟牽連，無力履行債務。全球支付體系停擺，靠美聯儲等中央銀行大量注入流動性，才起死回生。如果說有哪個案例可用來說明中央集權化的大型官方機構不可或缺，這就是一例。自由意志論者忘了一九一三年聯邦儲備法頒行之前（譯者按：原文作一九一九年有誤），中央銀行的付諸闕如和對金本位制的倚賴，導致大型金融危機不時發生，例如一九〇八年撼動美國的金融危機。

事實上，美國的新自由主義者可以說搬石頭砸自己的腳。從一九八〇年代起，美國財政部和世界銀行、國際貨幣基金會之類的機構，就勸世界各國開放資本帳，讓投資資金暢行無阻流動。他們想要解除一九三〇年代銀行業危機後設立的資本管制措施。從二次大戰結束至一九七〇年代結束，全球金融體系始終極穩定。後來，在新自由主義觀念影響下，鼓勵流動性不受阻礙跨國移動，金融危機發生之頻繁令人驚愕。首先是一九九〇年代初的英鎊危機和瑞典銀行業危機、一九九四年墨西哥披索危機、一九九七年亞洲金融危機、一九九八年和二〇〇一年俄羅斯和阿根廷拖欠債務。這一過程在二〇〇八年美國次貸危機時來到最高點，全球資本先前湧入管制不夠健全的美國房貸市場，全球資本再度流出時，即重創實體經濟。

新自由主義支持自由貿易之舉帶來惡果。基本原理沒錯：彼此降低貿易壁壘的國家，其市場和效率會擴增，進而提升相關各方的總所得。若非貿易成長，二十世紀後期東亞的崛起和該時期全球貧窮人數的大減不可能辦到。

但這些貿易理論家也低聲說道，在每個國家，並非人人都會受益於自由貿易。尤其，隨著跨國企業在窮國設廠，富國裡的低技術工人很可能被窮國裡具有類似技術的工人搶走飯碗和機會。針對此問題，當時的一貫回應，係失業的工人會透過職業再培訓和他種社會支持措施得到補償。柯林頓政府承諾施行這類計畫，藉此化解工會對北美自由貿易協定的反對。但那些提倡自由貿易的新自由主義者，絕大部分人針對這些計畫所付出的時間、心力、資源，不如針對促進貿易所付出的多。許多新自由主義者支持廣開大門接納移民，理由同樣又是允許勞動力移到最需要的地方有助於提高效率。他們認為讓勞動力流動會改善整體福祉，確實說得沒錯，但他們對於此舉會對分配造成的影響和會招來的社會反彈則不夠關注。

在上述種種例子裡，都有一個政治問題：會從整體福祉角度思考的選民少之又少。他們不會自忖道：「我丟了飯碗，但至少中國或越南境內的他人，或來到我國的一個新移民，生活改善了許多。」他們也不會因為剛把他們資遣的公司老闆隨著股價、紅利上漲而所得增加，或他們能用失業保險金在本地的沃爾瑪百貨買到較便宜的中國製消費品，而感到高興。

新自由主義者不只批評官方經濟干預，也批評旨在減輕市場經濟所造成之效應和不平等的社會政策。他們同樣又以一個正確的前提作為開頭：欲助人民度過難關的官方計畫常製造出道德風險（moral hazard），也就是這些計畫本欲減輕某種行為的影響，結果反倒助長該行為。如果政府提供豐厚的失業保險金，工人可能因此拒絕他們原本可能接下的工作。美國大蕭條時期的計畫「撫養兒童家庭援助」（Aid to Families with Dependent Children），提供救濟金給獨力撫養孩子的婦女。此計畫的原意，係幫助丈夫失能或去世的婦女度過難關，但一九八〇年代時它已被視為變相鼓勵貧窮婦女不與伴侶結婚、或未婚生子以領取救濟金。這種變相鼓勵不合理現象之事不只一樁：出於管理社會救濟計畫的需要，許多國家成立了龐大的行政機關，照理社會救濟工作圓滿達成之際，這些機關就要功成身退，但為了保住飯碗，這些機關自然不希望有圓滿達成的一天。在許多國家在民間工會漸漸失勢之際，公部門工會卻越來越強大。

這導致有很長一段時間，新自由主義改革者欲藉由以下措施縮減公部門的規模：廢止社會救濟計畫或縮減這些計畫的規模、裁撤官員、或把這些計畫轉包給民間業者或公民社會組織。在美國，這一作為完成於一九九六年的「個人責任和工作機會調和法」（Personal Responsibility and Work Opportunity Reconciliation Act），該法徹底終止「對有孩子要撫養之家庭的補助」，把其經費以整筆撥款的形式轉移給各州。此名稱點出作為立法依據的新自由主義前提。世界銀行、國際貨幣基金會之類的國際機構，鼓勵開發中世界根據所謂的

「華盛頓共識」作類似的裁減，在某些例子裡，要求受援國執行嚴厲的撙節措施。

「個人責任」觀是自由主義觀念，其立論依據有其道理，但被新自由主義者推行過頭。道德風險的確存在：如果政府出錢讓人不必工作，他們就不會用心工作；如果政府為人民設想太周到，讓人民在從事太多帶風險的行為（例如在氾濫平原上或在易生火災的林區裡蓋房子）而蒙受損失後給予救濟，人民就會冒不智的風險。自由主義者對官方過度干預的諸多疑慮，建立在一個道德疑慮上，即有事有政府扛的現象若過了頭，人民照顧自己的能力會變差。

但新自由主義者和某些老派古典自由主義者，不時把這個觀念延伸過頭，以致於釀成大禍。歷史上最丟臉的案例之一，係一八四〇年代後期愛爾蘭飢荒期間英國決定繼續出口穀物，而非把穀物挪去讓愛爾蘭人填飽肚子。愛爾蘭因此有三分之一人口喪命。英國財政部次長查爾斯・特里維廉（Charles Trevelyan, 1807-1886）的回應，就是個人責任觀走火入魔的例子：他寫道，上帝降下此飢荒「以教訓愛爾蘭人，絕不可把災情減輕太多……我們必須要對付的真災禍，不是此飢荒的具體災禍，而是這些人民自私、任性、狂暴特質的道德災禍。」[2]

正確的自由主義觀，與政府所提供的多種社會保護不相牴觸。個人當然應為自己的人生和幸福負起個人責任，但個人面臨自己無法掌控之威脅的情況所在多有。個人因流行病大行而丟掉飯碗時，政府給予暫時援助，不會助長依賴，讓全民享有健保也不會使人懶惰、揮霍。許多人未能為退休生活存夠錢，或未預見到使其失無法工作的意外事件。強要人民在退休前存錢，並未侵犯他們的基本自由，反倒有益於他們長遠未來的自由。

自由主義的基本原則之一，應是個人該為自己的幸福和人生負責，但政府在個人陷入其所無法掌控之不利情況時出手支持，十足合情合理。這類支持的高低，視政府所擁有的資源和其承諾提供的金援而定。斯堪地那維亞諸國社會福利廣泛，依舊是自由主義社會，官方干預相對較少的美國或日本也差不多。

新自由主義者對政府的敵意，有許多屬於非理性。從氣象預報到公共衛生到法院體系到食品藥物安全到治安、國防，有許多公共財係市場本身所不會提供，由政府提供，不得不然。相較於政府的素質，政府的規模遠不如那麼重要。在斯堪地那維亞，人民所繳的稅往往超過年所得一半以上，但得到的回報是從小學至大學高品質的教育、養老金，以及美國人得自掏腰包才能得到的其他福利。相對的，許多窮國受困於一個惡性循環裡，即低素質政府未能提供公共設施，削弱政府收稅和取得必要資源的能力，從而使其更無法提供公共設施。有時政府變得臃腫、拖沓、官僚，同時太衰弱，提供不了必要的公共設施。自由主義國家需要足以執行規定、提供讓個人能在其中施展抱負的基本制度性框架的有力政府。

新自由主義政策施行一個世代的結果，在二〇一〇年時已出現這樣的世界：總體所得來到新高，國內的不平等嚴重加劇。[3]世界多國境內出現一小批寡頭統治者，即能透過說客和買下媒體資產把自身經濟資源轉化為政治權力的億萬富翁。全球化使他們能把錢輕易轉移到低稅地區，使政府稅收大減，使管制難以遂行。在許多西方國家，非本國出生的人口開始增加，敘利亞內戰之類危機更加劇此情況，二〇一四年百餘萬難民因該內戰湧入歐洲。這一切為二〇一六年變得顯著的民粹主義反彈，創造了有利條件。該年，英國公投通過脫歐，美國選出川普總統。

注釋

1. For an overview of this period, see Binyamin Appelbaum, *The Economists' Hour: False Prophets, Free Markets, and the Fracture of Society* (Boston: Little, Brown, 2019).
2. Quoted in Niall Ferguson, *Doom: The Politics of Catastrophe* (New York: Penguin Press, 2021), p. 181.
3. See Branko Milanovic, *Global Inequality: A New Approach for the Age of Globalization* (Cambridge, MA: Belknap/Harvard University Press, 2016).

第三章

自私的個人

Liberalism

and
Its Discontents

新自由主義政策的問題，不只在於其立即的經濟、政治效應；這個作為政策依據的經濟理論本身，還有個更深層的問題。這個問題未使該理論站不住腳，但會提醒我們，一如其他所有理論，這個理論過度簡化我們對人類行為的理解。這意味著我們在從人類行為得出切合實際的結論時應非常小心，因為現實始終比理論所建議的還要複雜。

以財產權這個問題來說，財產權從一開始就是自由主義學說的最重要組成部分之一。一九八〇年代開始時，由於經濟史家道格拉斯·諾爾思（Douglass North, 1920-2015）之類作者的著作，經濟學家於晚近對財產權重新燃起興趣。諾爾思引進制度（institutions）——亦即協調社會活動的常存規則——這個因素，作為解釋經濟成長的重要變數之一，從而使發展理論改頭換面（說來令人難以相信，但在諾爾思之前，大部分關於成長的正統經濟理論，未考慮到政治、文化或其他與經濟無關的因素）。諾爾思談到制度時，心裡想的主要是財產權和合約執行。後來，一整代的發展經濟學家把這些制度視為成長所該追求的東西。[1]

把重點擺在財產權上，當然有其道理：前蘇聯、古巴或委內瑞拉之類將私有財產全收歸國有的國家，在創新、成長上都碰上很大問題。如果人們認為投大筆錢在某事業後，該事業會被政府隨意拿走，就不會有人做這樣的投資。但單單把重點擺在財產權上，並非發展的靈丹妙藥，也非建立公義社會的不二法門。誠如戴爾德麗·麥克洛斯基所已表明的，諾爾思從未以經驗為依據證明，得到保障的財產權係十七世紀後歐洲經濟爆炸式成長的關鍵，反倒其他因素，例如同時出現的往資產階級社會價值觀的轉移，或科學方法的問世，確實是這一成長的關鍵。[2]

此外，為任何既有的一組財產權強力辯護，只在最初的財產分配本身符合公義的情況下才讓人信服。許多經濟學家暗暗以洛克的前提作為立論起點：私有財產出現於人定居於無人居住的無主之地，把其勞動和「無價值的自然物」搭在一塊，以創造出對人有用的財產之時。但如果該財產最初是靠暴力或偷竊取得，那會什麼情況？農業社會建立在貴族所持有的大片私有地上，而這些貴族的祖先是靠武力拿下這些領土的戰士。他們的土地由農民耕種，農民碰上歉收或生病就會背債，未能如期還債，其資產就會被當地領主所建立的規則沒收。在當今從巴基斯坦至菲律賓的諸多國家裡，這種財產所有制大大妨礙經濟成長和民主。相對的，日本、南韓、臺灣，在美國指導下，一九四〇年代後期展開拆解大片私有地的大規模土地改革。這一財產重分配之舉，被廣譽為這三國後來經濟成長的基礎，當然也是它們得以成為成功自由主義民主國家的基礎。

洛克派關於私有財產起源的說法，放在美國和其他曾被稱作「新拓居地」的地方（例如加拿大、澳洲、紐西蘭、阿根廷或智利），也不完全說得通。這些地區原本住了多種原住民，其祖先或許在一萬兩千年前遷居至該地，後來歐洲人才前來落腳。這些原住民遭殺害、淪為奴隸、被趕離自己土地、遭詐騙，或死於歐洲人所帶來的疾病。歐洲式財產權，搭配了地籍調查、地政局、司法體系，而這些原住民大多沒有這類財產權。反倒，身為牧民或狩獵採集者，他們享有今日所謂的搜尋食物權、使用權或進入權。

歐洲式財產權無疑使土地生產力大增，而生產力的提升可能改善了每個人的生活水平，包括那些遭侵吞土地的人。但好的結果不必然證明手段正當。原住民失去的，遠不只土地；隨著他們的土地被轉化為現代私有財產，他們徹底失去原有的生活方式。

新自由主義經濟理論另一個本質上不盡然可靠且已導致一些非常麻煩之政治後果的分支，與把消費者福利奉為衡量經濟福祉的最終指標一事有關，而且這一選擇已對反托拉斯、貿易之類政策領域有所影響。這一轉變和芝加哥學派，和艾朗・戴維德（Aaron Director, 1901-2004）、喬治・史蒂格勒之類人物，尤其和法學者羅伯特・博克（Robert Bork, 1927-2012），密切相關。

自一八九〇年通過謝爾曼反托拉斯法（Sherman Antitrust Act），美國決策者就擔心大企業（即「托拉斯」）對美國民主的影響。二十世紀，美國司法部和聯邦貿易委員會針對利用對市場的支配力扼殺競爭的大企業發起反托拉斯訴訟。此外，有個與法官路易斯・布蘭代斯（Louis Brandeis）有關的學派，而布蘭代斯認為謝爾曼法案也有保護小製造商之類的政治用意。

法學者、且在後來出任司法部副部長的羅伯特・博克主張，反托拉斯法應有一個目標，只應有一個目標，即盡可能擴大消費者的福利，不管是從價格還是從品質的角度皆然。[3]博克主張，謝爾曼法絕非意在為政治目的服務，如果沒有盡可能擴大消費者福利之類可衡量的目標，反托拉斯法會變得混淆不清。他說大企業之所以往往有利於使消費者得到最大福利，係因為它們比那些較小的企業有效率，政府不應阻礙它們成長。他和他的芝加哥學派同志說服兩代經濟學家和法學者以消費者福利作為在反托拉斯案裡衡量經濟成果的唯一指標，從而促成政府以更寬鬆許多的態度面對大企業和大企業合併案。

博克主張消費者福利指標給了法律體系一個解決某類經濟爭端的有用工具，確實說得沒錯。例如，如果沃爾瑪或亞馬遜進入市場，威脅到眾多由夫妻經營的小型零售店，我們要如何判定這些店的需求應受到保護，以免受害於競爭？根據消費者福利指標，它們得讓路給大型零售商，因為後者以低上許多的價格賣同樣的商品。根據現代經濟學，這些由夫妻經營的小零售店要關店，把時間和資本轉投資於較有生產力的他種活動。針對如何將消費剩餘分配給消費者和被困在零和鬥爭裡的零售業者，布蘭代斯派未有清楚的規則。

但許多社會能在犧牲經濟效率下保護小製造商且的確這麼做，因為他們相信除了消費者福利還有社會利益。例如，法國、日本都這麼做，兩國都致力於阻止美國大企業進入其市場。如果法國的成千上萬家咖啡館被星巴克打倒，即使星巴克提供較便宜或較好的咖啡，法國會因此過上較好的日子？如果日本的小型壽司店和天婦羅餐廳被大型美式連鎖餐廳取代，日本的生活品質會更好？甚至，如果美國的市中心零售店先後被沃爾瑪之類大賣場、亞馬遜之類線上零售店打垮，美國會過上較好的日子？或許，從技術角度看，這些都無法避免，但有人或許會想，消費者福利和街坊鄰里、生活方式之類無形的東西孰輕孰重，應由人民決定。或許沒有哪個經濟理論規定在這件事情上可如何抉擇，但透過民主政治競爭，可作出決定。經濟效率掛帥，其他社會價值全擺在其次，這沒道理。

拿消費者福利來衡量經濟福祉也帶來問題，因為消費者福利無法呈現福祉的無形部分。今日的大型網路平台或許提供消費者暢快的購物服務，但這些平台以消費者可能不知情且或許不贊同的方式取得個資。

這一政策性問題背後有個不易察覺的更深層哲學問題，亦即人類究竟是消費性動物，其福祉以消費多少來衡量，還是生產性動物，其幸福取決於他們左右自然、行使其創造力的能力。當今的新自由主義顯然贊成前者，但另一些傳統思想主張人既是消費性動物，也是生產性動物，人的幸福在於兼顧這兩者。哲學家黑格爾（G. W. F. Hegel, 1770-1831）主張，人的自主性表現在工作上和改造自然的能力上；在近代世界，就是人的自主性給了奴隸尊嚴，使奴隸和主人地位相等。馬克思承襲黑格爾此觀念，說人既是消費性也是生產性動物。

共產主義社會往往過度看重生產甚於消費，致造成不良後果：它們有「社會主義勞動英雄」，但店裡貨架上沒有食物。新自由主義的崛起，已使鐘擺擺到遙遠的另一端。被較低工資海外勞工搶走飯碗的美國工人被告知他們還是能買到中國進口的較便宜商品。如今只有極少數人會想要走回生產重於消費的共產主義老路。但人會願意為了保住勞動尊嚴和在國內的飯碗而犧牲一丁點消費者福利嗎？在新自由主義觀念當道的情況下，選民還無緣就此作出抉擇。[4]

這說不定不是我們所以為的那種取捨。經濟學家托瑪斯·菲利彭（Thomas Philippon）主張，美國消費者物價相較於二十年前，如今大體來講比歐洲高，正因為美國未能執行其反托拉斯法而且讓大企業扼殺競爭。[5]產業集中還有別的惡果：大企業口袋深，能出錢請許多說客保住它們既有的有利地位。當這些企業的主業務是能左右政治論述的新聞和資訊，這對民主來說就是個嚴重問題，大型網路平台——推特、臉書、谷歌——受到特別檢查，這是原因之一。[6]

另有一派在二十世紀後期大行其道的新自由主義思想，在主流新古典經濟學的集體行動模式之外，提供了另一種集體行動模式。此派思想就是路德維希・馮・米塞斯與佛里德里希・海耶克的奧地利學派所提倡的自發秩序理論（theory of spontaneous order）。尤其，海耶克說我們在自然界所看到的秩序，並非教鳥唱歌或教蜂釀蜜的某個造物神所致，而是透過原子和分子隨機的演化性互動產生出來，這些原子和分子最終自行組織成一連串日益複雜的生物，從細胞至多細胞有機體至充斥我們世界的動植物。他主張，人類的社會秩序發軔於類似方式：具有能動性的人類個體互動；較成功的社會群體在文化上而非基因上自我複製，而那些下場不好的社會群體則消失。這方面的絕佳例子，係市場的演化。在市場上，個別買家、賣家以未經計畫的方式互動，產生表明物品之相對稀有性的價格，藉此以比中央計畫人員還要有效率的方式分配貨物。海耶克進一步主張，英國普通法優於歐陸的民法，因為它係從無數不受中央節制的法官根據「判例」原則所作的裁定演變出來，而非法學專家所獨斷制定。[7]

海耶克說市場的分配效率較優，說得沒錯；他在一九四〇年代與此時期另一位大經濟學家約瑟夫．熊彼得（Joseph Schumpeter, 1883-1950），就市場和中央計畫經濟何者是較優的經濟體制有過著名辯論，而且他基本上打贏此論戰。他的觀念得到他人採用。一九九〇年代網路突然勃興時，許多技術－自由意志論者開始欣賞自發性秩序論，把新興的數位世界視為其神奇產物之一。在聖塔菲研究所（Santa Fe Institute）之類地方得到進一步闡發的複雜性理論（complexity theory），欲確立自我組織（self-organization）論，而且針對秩序如何以非中央主導的方式產生出來——從群鳥到在沒有政府協助下同意共享資源的原住民群體——提出真知灼見。[8]

但此理論有時被推過頭。海耶克和技術－自由意志論者都敵視官方，常認為官方妨礙人類的自我組織。但比起以經驗為依據的觀察結果，意識形態對這一敵意的推動作用更大。誠如大部分經濟學家都會承認的，有許多種公共財係市場所絕不會提供的；即使嚴格的中央計畫會自挖牆腳，官方往往發揮協助性、協調統籌的作用，例如在日本或南韓之類國家，這些作用就於經濟高成長期間促進經濟成長。網路本身並非自發性秩序的產物；作為其基礎的技術，係美國政府投資（往往透過國防部）半導體、積體電路之類的東西和批准TCP／IP之類網路協定所致。美國政府一把網路私有化，網路就不再是去中心化網路，而是迅速被兩三個巨型企業主宰。只有政府有能力挑戰這些巨型企業的力量——如果能順利將它們壓制住的話。

因此，財產權、消費者福利、自發性秩序掛帥的觀念，在經濟、政治、道德上所產生的影響，遠比新自由主義學說所會使人聯想到的影響，還要不明確許多。但現代經濟學有著更嚴重問題，這些問題並非跟著芝加哥學派一起出現，而是源自作為所有現代新古典經濟學之基礎的根本模式。

現代經濟學建立在人類是「理性追求最大效用者」這個假設上，意即人使用其可觀的認知本事最大化個人私利。＊毋庸置疑的，人通常貪婪、自私、精明，因此以經濟學家所說的方式回應物質誘因。共產主義中央計畫經濟，少了激勵個人追求私利的誘因，經濟一塌糊塗。中國允許農民根據家庭聯產承包責任制保有自家土地收益，不必在集體農場工作，小麥產量隨之於四年間從五千五百萬噸增為八千七百萬噸。[9]

但這一模式的基本組成部分有嚴重缺陷，與我們的日常經驗相牴觸。下面某章會探討人是否真的理性，而從司馬賀（Herbert Simon, 1916-2001）到當今行為經濟學家的諸多批評者，已對此學說談及最大化的部分提出質疑。但眼下，我想把重點擺在此模式的另一個部分，即人主要以個體的身分行事這個假設。

經濟學家以這個個人主義前提為基礎，建構了一整套社會行為論。經濟上

＊有些經濟學家欲擴大效用的作用範圍，把利他或其他尊重社會的行為納入其中，視之為只是另一種個人偏好的表現。這使這個理論成為套套邏輯，實際上在說人會想做他們想要做的任何事。

的集體行動理論主張，個人結為群體，主要係為了最大化自身的利益，而非出於天生的合群性。這一假設同樣產生一些重要的見解。在曼瑟爾・奧爾森（Mancur Olson, 1932-1998）一九六五年著作《集體行動的邏輯》（*The Logic of Collective Action*）出版之前，許多觀察家認為人天生就會合作。[10]奧爾森指出人會出於利害考量結成群體，以分享群體所提供的好處，例如國防或穩定的貨幣。但人也會出於利害考量白拿這些好處，尤以群體規模變大而難以監控個別成員的行為時為然。為何會有開小差到逃稅等行為，原因就在此。

自奧爾森的著作問世以來，已有許多博奕理論被用於理解個人在何種情況下會同意成群合作，其中有些理論產生真的有用的見解。有許多經濟理論——掛著「委託－代理理論」（principal-agent theory）的標題——用這些個人主義前提解釋人在等級分明的大型組織裡的行為。此理論特別適用於說明經濟行為，例如諸公司決定何時聯手固定價格，或債券交易人會如何回應不斷變動的風險概況。但拿這個理論來理解人類全部行為終究極不適切。

人行事往往存有私心，但人也是高度社會性的動物，沒有同輩提供支持和肯定，個人不可能幸福。就這點來說，與其說是理性和物質欲在驅策人，不如說是情感在驅策人。驕傲、憤怒、愧疚、羞恥這些感覺，都與共同認可的社會規範有關。這些規範的具體內容因文化而異，但人遵循規範的傾向是人天生所具備，只有最死硬的反社會者例外。從小孩在遊戲場上的行為，就可看到這點。小孩違反遊戲團體的非正式規範時，不需父母教導就會感到羞恥或尷尬。在受孤立者的強烈痛苦和抑鬱情緒中，我們則看到人類生活偏重社會的一面，晚近迫使每個人和友人、同事保持距離的新冠肺炎疫情，正讓每個人清楚看到這點。

因此，人的「效用作用」，除了物質上的偏好，還包括另外許多東西。人也渴望得到尊敬，即其他人針對某人的價值或尊嚴所發出的主體間（intersubjective）肯定。在實驗經濟學裡有個著名賽局——「最後通牒賽局」（ultimatum game）——賽局中，兩名玩家分掉一大筆錢。第一個玩家可以照自己意思分錢；第二個玩家可接受第一個玩家所分給他的錢，或完全不要這一大筆錢。此賽局一玩再玩，顯示如果錢大略平分，第二個玩家幾乎每次都接受分錢方式，但如果剩下的錢低於某個比例，第二個玩家常會因為分得不公平而索性不要錢。如果兩個玩家都只想要最大化個人私利，索性不要錢這個選擇就太不理性，但如果我們認為他們有自傲心或自尊心，這個選擇就說得通。

此外，人不只渴望自己得到尊重，還渴望宗教信仰、社會規則、傳統之類外部事物得到尊重，即使這類渴望使他們作出令個人付出代價的行為亦然。基本經濟模式認為人有穩定的偏好，但上述現象意味著人無法照該模式所說的那種方式將私利「最大化」。他們必須權衡無法兼得的想望作出取捨，取捨結果很難預知。這是人之自主性的真諦所在：人不斷在物質私利和尊敬、自傲、原則、團結一致之類無形之物間作抉擇，而且其抉擇方式非基本的效用最大化模式所能盡詮。在組織裡，尤其如此。在組織中，行為通常符合同儕的期望，而非出自個人私利的算計。如果人是單純追求最大化的機器，絕不會上戰場殺敵，更不會抽時間去投票。

因此，自由主義理論所依據的個人主義前提沒有錯，但不盡完備。放眼歷史長河，個人主義係經過千百年演變出來的東西，已成為近代自我認識的最重要成分。[11]在人類社會發展的更早階段——主要的組織形式是遊群（band）、分支世系（segmentary lineage）或部落——大部分人被牢牢拴在固定的社會群體裡，幾無機會表達個人偏好。這種缺乏自主性的現象，不只表現在經濟抉擇上，也表現在要住哪裡、要和誰結婚、要從事什麼職業、或要信什麼教的決定上。過去千年一直在進行的現代化過程，已慢慢使人擺脫這些社會束縛。

家庭裡的個人主義，係所有個人主義之母。在傳統社會裡，親屬關係是建構社會秩序的最大原則。建立規則限制個人抉擇權者，係親屬，而非政府。誠如我在《政治秩序的起源》（*The Origins of Political Order*）裡所說明的，大型親屬群體開始失勢一事，首先出現於歐洲。在中世早期歐洲，天主教會改變繼承規則，削弱了親屬群體控制財產繼承的能力。[12]打垮羅馬帝國的日耳曼蠻族已被組織成父系部落，但隨著他們皈依基督教，把部落合為一體的關係很快瓦解，被契約性、個人主義性質更濃的支配、服從關係取代，這些關係即是我們所謂的封建制度。歐洲法律開始明文保護個人買、賣、繼承財產的權利，而非保護親屬群體在這些方面的權利，並且不只讓男子享有這些權利，而且讓女人也一體適用。這一趨勢在英格蘭最為顯著，難怪英格蘭成為近代個人主義的誕生國。

因此，英格蘭也是近代資本主義的誕生地，絕非偶然。近代市場倚賴交易的不講人情特性來運行：如果你的買賣對象都被迫以親屬為主，你所能指望取得的經濟規模和效率都會受限。財產權制度和由法院、仲裁人之類第三方強制執行契約之事，旨在擴大市場範圍，使外人得以進場互動。因此，經濟個人主義所促進的經濟成長，係個人主義擴及全世界的主要推手之一。

若以為走到目前的歷史階段，我們能調頭，往近代個人主義的反方向走，也就是走回幾千年前的人類社會，那就太荒謬。自由主義個人主義未排除或否定人的合群性，只意味著在自由主義社會裡，大部分的社會參與，理想狀況下，會是出於自願。你可以和其他人合夥，但要加入哪個群體，只要能辦到，都由個人抉擇。我們所置身的公民社會，就是這樣形成。自由主義的最重要保證——保護個人抉擇權——依舊是現代人所渴望得到的東西，這不只指自由主義、個人主義誕生所在的西方境內的人，如今還指地球上每個正在現代化的社會裡的人。但由於人也天生是社會性動物，這一日益擴散的個人主義始終被人以矛盾心態看待。個人始終反感於「社會」所加諸的束縛，但又渴望群體歸屬感和社會團結，在貫徹個人主義時覺得孤單、疏離。

因此，新自由主義在經濟學裡的問題，不在於其一開始的前提就錯。其前提往往沒錯；只是這些前提不盡完備，而且在歷史上，往往視條件而定。新自由主義的缺點在於把這些前提無限上綱，致使將財產權、消費者福利奉為最高圭臬，把官方作為和社會團結一律貶低。

注釋

1. Douglass C. North, *Institutions, Institutional Change, and Economic Performance* (New York: Cambridge University Press, 1990).
2. See Deirdre N. McCloskey, *Bourgeois Dignity: Why Economics Can't Explain the Modern World* (Chicago, IL: University of Chicago Press, 2010), chapters 33–36; also McCloskey, *Beyond Positivism, Behaviorism, and Neo-Institutionalism in Economics* (Chicago, IL: University of Chicago Press: 2021, forthcoming), chapter 8.
3. Robert H. Bork and Philip Verveer, *The Antitrust Paradox: A Policy At War With Itself* (New York: Free Press, 1993); and "Legislative Intent and the Policy of the Sherman Act," *Journal of Law and Economics* 9 (1966): 7–48.
4. See Oren Cass, *The Once and Future Worker: A Vision for the Renewal of Work in America* (New York: Encounter Books, 2018).
5. Thomas Philippon, *The Great Reversal: How America Gave Up On Free Markets*

(Cambridge, MA: Belknap/Harvard University Press, 2019).

6. Francis Fukuyama, “Making the Internet Safe for Democracy,”*Journal of Democracy* 32 (2021): 37–44.
7. Friedrich A. Hayek, *Law, Legislation and Liberty* (Chicago, IL: University of Chicago Press, 1976).
8. See Elinor Ostrom, *Governing the Commons: The Evolution of Institutions for Collective Action* (Cambridge: Cambridge University Press, 1990).
9. Xiao-qiang Jiao, Nyamdavaa Mongol, and Fu-suo Zhang, “The Transformation of Agriculture in China: Looking Back and Looking Forward,” *Journal of Integrative Agriculture* 17 (2018): 755–64, p. 757; Food and Agricultural Organization of the United Nations, www.fao.org/home/en
10. Mancur Olson, *The Logic of Collective Action: Public Goods and the Theory of Groups* (Cambridge, MA: Harvard University Press, 1965).
11. See Siedentop (2014).
12. Fukuyama (*The Origins of Political Order*, 2011), chapter 16.

第四章

最高自我

Liberalism and Its Discontents

個人自主權被經濟自由掛帥的右派自由主義者推過了頭，但也被看重另一種自主權的左派自由主義者推過了頭，後者以個人的自我實現為核心原則。新自由主義創造出過度不平等和金融不穩，從而威脅自由主義民主政體的存續。而左派自由主義則演變成現代認同政治，然後，幾種大同小異的現代認同政治開始削弱自由主義本身的前提。自主權概念被以威脅到社會團結的方式宣告為至高無上，為自主權衝鋒陷陣的進步主義者，開始利用社會壓力和公權力壓制批評他們計畫的聲音。

個人自主權範圍的擴大，發生在兩個領域。第一個是哲學領域，個人自主權的意涵在此領域裡被持續擴大，從原本意指在已然確立的道德框架裡作抉擇，擴大為能選擇這框架本身。第二個是政治領域，自主權在此領域裡最終並非意指個人的自主權，而是指個人所屬之群體的自主權。前一發展把自主權提升到凌駕人類其他所有善（goods）的至高地位，第二個發展則最終駁斥自由主義本身的某些根本前提，例如強調所有人一體適用或要求寬容這些前提。

在西方思想裡，自主權，亦即抉擇權，長久以來被認為是使人之所以為人的特性，因而是人類尊嚴的基礎。這看法始於〈創世紀〉裡亞當、夏娃的事：亞當和夏娃違背上帝的命令，吃了知善惡樹的果子，從而被逐出伊甸園。他們作出錯誤選擇，這一原罪自此使人類擺脫不掉痛苦、辛苦、勞動。但這一選擇也使他們能作道德抉擇，在他們原本的無知狀態下，他們未有這能力。這一抉擇能力使人有了居於中間的道德地位。人高於其他被創造出來的萬物，因為與動植物不同，人能作抉擇而不是只受本性驅策；但人又低於上帝，因為他們會作出錯誤抉擇。有人或許會補充道，在這則聖經故事裡，人的抉擇能力不包含制訂道德法則本身，人只能選擇遵從道德法則；只有上帝有能力決定是非對錯的本質。

〈創世紀〉故事蘊含了對人性的深刻認識。我們在每個人類小孩的發展過程裡，都看到從無知轉變為懂得善惡。沒人為了幼兒啼哭或尿溼尿布而予以責怪；從某個意義上說，小孩出生時並無道德認知，行事全憑本能。但從幼兒長成大人期間，他們接觸到是非觀，發展出道德意識，使他們得以作出抉擇。世界各地不同的文化和法律體系設了不同的成年年齡，但每個文化都認為凡是大人就該遵守該文化的規則。我們知道個人的抉擇，除了深受個人所無法掌控的遺傳因素制約，也深受小孩成長所處的環境（家庭、朋友、社經地位之類）制約。許多法律體系把這些外在因素視為社會對違法者從輕發落的依據。但放眼古今，沒有哪個社會主張成員因此大體上不必接受任何對個人的問責，世上每個法律體系都建立在以下觀念上：有多個在需要時可派上用場的個人抉擇權，使人必須為自己的作為負起責任。

這一具有獨創性的猶太教－基督教見解，得到馬丁·路德進一步的闡發，成為宗教改革的學說基礎。據路德的說法，基督教的本質就只有信（faith），那是連信者都可能領會不到的內在狀態。基督教的本質不在於個人對天主教會所制定之禮儀和規則的遵守。這為接下來對於存在一個遭封閉之內在自我一事的看法打下基礎，這個內在自我有別於可被社會其他人看到的外在自我。

這個內在自我觀並非西方基督教所獨有。例如，印度教的核心思想是內在靈魂可在長遠時間裡在不同肉體間流轉之說。但放眼歷史，大部分社會把成員遵守社會已確立的外在規則，看得比那個內在自我的想望的表達來得重要。路德之所為，乃是改變內在、外在的價值：天主教的體制性結構可能不對，而有了「信」的個別信者則可能對。新教的核心理念，係讀聖經的個別信者能針對神意得到自己的結論。這引發一場反天主教會的革命，使歐洲為了基督教信仰中心的問題，陷入一百五十年的宗教戰爭。

馬丁．路德對內在自我的看重，未使自我得以隨心所欲擇其所好。路德依舊身在基督教框架裡：人有抉擇的權力，但那是侷限在要不要相信神意的一種權力。接下來幾百年，啟蒙運動思想家不只開始質疑教會的權威，也開始質疑宗教本身。抉擇之舉被視為有別於所要選擇之物的實質，且比該實質更受看重。法國大革命時，路德的基督徒自由已演變為「人的權利」。這些權利與抉擇權有關，但與抉擇權原本所屬的宗教框架脫鉤。

內在重於外在一說，與宗教脫鉤，這在盧梭的著作裡表現得最為顯著。盧梭主張，人類所有的惡，都始於處於自然狀態且快樂、孤立之個人在社會裡湊在一塊之時。聖經說亞當、夏娃犯了一個需要予以詳述的原罪，但盧梭的看法與此聖經故事所要表達的截然相反。他主張人天生是善，在進入社會且開始拿自己和別人相比時才變壞。但他主張，人也是「可臻於完善的」，意指人不受我們現今所謂的文化環境之物決定，能選擇恢復其原本的善。他提出後來成為現代思想之根基的一個看法，亦即人有被深深隱藏的內在本質，而人所處社會加諸的層層社會規則壓制了這些本質。對此人來說，自主權意味著找回那個如假包換的內在自我，逃離囚禁該自我的社會規則。

另一個對近代自由主義的自我認識極為重要的啟蒙運動思想家是康德。康德汲取盧梭的「可臻於完善」觀，把它轉化為自己道德哲學的核心思想。在《道德形上學基礎》（*Foundations of the Metaphysics of Morals*）的開頭，他說唯一一樣絕對善的東西是善的意志（good will），而人之所以異於禽獸，就因人具有作出道德抉擇的能力。人本身就是目的，絕不可被當成實現其他目的的工具。在這點上，我們可看出這是從與宗教無涉的角度出發，根據人的道德抉擇能力，重述基督教對按照上帝形象所創造出來之人類的看法。但與基督徒自由不同的，康德的道德觀深受抽象的理性規則影響，而非受啟示性的神意影響。康德的道德觀為自由主義的普世主義和平等觀奠下基礎：不管屬於哪個國籍，凡是人，道德抉擇的能力都一樣。一如在普世教會（Universal Church）的例子裡所見，這一無分高低的尊嚴，意味著對任何人都要待以同樣的尊重，而這樣的尊重會在後來透過法律體系成為定制。

康德看重抉擇之舉本身，甚於人所追求的任何目的或「善」。他把「抉擇」擺在第一位，並非出於對政治衝突之性質的經驗主義觀察，反倒直接出於他的形上學。康德區分了現象界和本體界，現象界是日常經驗所呈現給我們的世界，感覺、記憶、知覺所構成的凌亂世界，由人類主體經過多個時空組織出來。本體界是目的的世界，「作抉擇的（個別）主體」所在的領域，而且是不受決定論式物理法則支配的領域。那個作抉擇的主體，優先於其特殊屬性（例如家庭、社會地位、個人身家）。康德所推論出的道德規則，一如應把人視為目的本身，而絕不可把人視為遂行目的之工具這條規則，係從他的先驗假設得出的理性規則，而非從任何經驗主義觀察得出的理性規則。這一探究道德理性的方式，有時被稱作「去本體論的」（deontological，也被譯為「義務論的」），因為它與任何本體論（ontology）或具體說明人真正追求之目的的人性論無關。

英美對自由主義理論的探討，完全不走去本體論之路。霍布斯的《巨靈論》（*Leviathan*）一開始就提出清楚的人性論，列出人的數種強烈情感，並把對橫死的恐懼視為人的社會契約所欲減輕的「人類厄運」之最。霍布斯對「自然狀態」的描述，其實意在表達某種人性論，而他的人性論雖不同於洛克在《政府論下篇》（*Second Treatise on Government*）裡所述者，兩人卻都以清楚描述人所追求且有輕重之分的實質性目的，作為立論的基礎。他們的自然權利理論得到托瑪斯・傑佛遜進一步闡發，後者以「人皆生而平等」這個「不證自明」的論點，作為其美國獨立主張的依據。

如今，幾乎沒有理論家說其相信霍布斯、洛克或傑佛遜的自然權利論點。在自由主義社會，隨著時日推移，越來越不願提比其他目的都重要的實質性人類目的；反倒抉擇之舉本身被視為最重要。英美的自由主義傳統和歐陸的康德理論，在哈佛大學教授約翰・羅爾斯（John Rawls）身上熔於一爐，其《正義論》（*A Theory of Justice*）已成為闡述當今自由主義理論的經典之作。[1]

羅爾斯，一如康德，致力於為自由主義社會找到並非以實質性人性論或對人所真正追求之目的的經驗主義觀察為依據的規則。他，類似康德，主張正義優先於善——亦即旨在保護對善之抉擇權的規則，比個人所追求的善重要。但羅爾斯不想倚賴康德的形上學以及形上學中有個與現象界截然兩分的本體界假設。他用以得到這些抽象規則的工具，與他的「原初處境」（original position）概念有關連。在「原初處境」裡，個人一旦無從知道自己在社會裡的真正處境，即能就該社會的公平規則達成一致意見。羅爾斯主張，在這個「無知之幕」遮蔽下，沒有人會選擇令社會最弱勢成員陷於不利處境的規則，因為他們不會事先知道自己是否是該群體一員。他接著主張，人類主體與其屬性（例如財產、財力、社會地位、性格、乃至天賦）是兩碼子事，這些屬性全是以任意方式分布且視條件而定的東西。這為其將自由主義社會裡包羅廣泛的福利國體制合理化之舉，打下了基礎。他主張，財產、乃至天生能力之類依條件而定的屬性是整個社會的共有財產，能被重新分配以造福最窮困之人。

羅爾斯派自由主義已成為當今自由主義理論探討的中心議題，如今依舊是許多自由主義者最主要的自我認識，尤以學術界、法學界人士為然。從經濟自由主義轉變為新自由主義一事和洛克－傑佛遜式自由主義演變為羅爾斯版自由主義一事，兩者有個類似之處。在這兩件事裡，都有一個很有說服力的根本觀念（一是自由市場的好處、一是個人自主的價值）被推過了頭，到了讓自身垮掉的程度。就羅爾斯來說，問題在於把自主權推升到不容置疑的絕對地位，以及把抉擇權看得比其他所有人類之善還重要。這樣的絕對化，既在理論上站不住腳，其在自由主義社會裡也因為作法滋生問題而把自己玩完。

自一九七一年《正義論》出版以來，羅爾斯已受到許多批判，[2]其中最重要的批判，來自羅伯特・諾齊克（Robert Nozick, 1938-2002）。羅爾斯主張，從某個意義上說，個人既不「擁有」歸其名下的實物，也不「擁有」其天生能力，此說受到諾齊克駁斥。[3]但另有一組重要的批評來自阿拉斯戴爾・麥金泰爾（Alasdair MacIntyre）、查爾斯・泰勒（Charles Taylor）、麥可・瓦爾澤（Michael Walzer）、麥可・桑德爾（Michael Sandel）之類所謂的「社群主義」（communitarian）思想家，這些人駁斥羅爾斯賦予抉擇本身的絕對優先性和正義相對於善的絕對優先性。[4]

麥可・桑德爾把羅爾斯式自由主義說成最終使我們意義蕩然無存的解放計畫：

去本體論的世界和在其中活動的獨立自我，整個來看，提出一個解放願景。去本體論主體不受自然擺布和社會角色約束，被奉為至高無上，被打造為唯一道德意義的造就者……我們身為獨立自我，自由選擇我們的目標和目的，不受……習慣或傳統或承襲之地位約束。我們對善的概念，只要不是不公義，不管它們為何，都具有影響力，只因為我們選擇了它們。5

但和所有居於優先地位的忠誠和承諾脫鉤的自主自我，「不會讓人想到一個完全照己意行事且完全理性之人，而會讓人想到一個完全沒有品德、沒有道德深度的人」：

那些駁斥「對」之優先性的人，主張正義與善相關，並非不受善影響。就哲學來說，我們對正義的看法不可能和我們對美好生活的本質和人最高目的的看法脫鉤。就政治來說，我們對正義和權利的思考，不可能在不考慮到善的概念下進行。那些思考發生於許多文化和傳統裡，而善的概念就表現在那些文化和傳統中。[6]

不妨拿個簡單的例子來說明這些頗抽象的論點。試比較現代自由主義社會裡的兩個人，其中一人把時間花在打電玩和上網上，靠他從有錢家裡拿到的補助過日子。他差一點從高中畢不了業，並非因為他缺錢或能力差，單純因為他不喜歡讀書。他喜歡抽大麻（在他的州，大麻剛合法化），無意閱讀介紹時事的報章雜誌（或更廣泛的閱讀），不瀏覽臉書或不在 Instagram 留下尖酸刻薄評論時，喜歡把時間花在上網購物。除了在社交媒體上與人聯繫，他未特別參與或支持其朋友圈；有次，他目睹車禍，有人請他幫忙救出傷者，他逕自走開。

另一個人從高中畢業，接著上了社區大學，因為她媽媽以單親身分撫養她，負擔不了大學學費，她不得不半工半讀。她關注公共事務，盡其所能抽空看報紙、看書。她希望讀完四年，拿到大學文憑，最終當上律師或進公家機關。她為人慷慨，與形形色色的人有深厚交情，冒生命危險為她所認為受到冤枉的人伸張正義。不管是她，還是前一人，其待人處世時都未阻止他們身邊的人作出類似的抉擇。

根據約翰·羅爾斯的正義論，官方或我們其他人都不得對這兩個人下評判，不得說這個女人道德比那個男人高尚。兩人都在照自己為自己設定的計畫過生活。羅爾斯會主張，這些計畫除了深受得自父母的天賦影響，也深受各自成長期間所處的家庭和鄰里之類依條件而定的因素影響。從這個角度看，他們並非全然自主的個體，而是深受他們依條件而定的特性影響，而在羅爾斯看來，這些特性解釋了他們為何選擇了不同的人生道路。但除非這些個人致力於阻止他人自主行事，沒有更崇高的理由可供我們任何人據以評斷他們的相對功過。洛克式自由主義要人包容不同的對善的觀念，羅爾斯式自由主義則要人不對他人的人生抉擇作評判。事實上，它往往把差異和多樣性本身譽為對壓迫性社會約束的擺脫。

我前舉的那兩個人若在種族、族群或宗教信仰方面不同，羅爾斯就說得沒錯，自由主義政府的確不能對他們有差別待遇，因為這些是他們所無法掌控的特性。但他們的不同之處，在性格上——在熱心公益、慷慨、為人著想、與自己周遭的人作有意義的往來、勇敢、見多識廣、有心透過教育精進自己方面，程度不同。性格係個人所能刻意培養的東西，個人自主性的重要組成之一。這些德性的發揮，在我看來會是自由主義共和國的重要條件之一。事實上，有個見諸波考克（J. G. A. Pocock, 1924-2023）筆下的傳統思想，認為體制健全的共和國必須建立在具公益精神的公民上，他們的性格好壞攸關共和國的存亡。這一傳統思想始於馬基維利的《論李維》（*Discourses on Livy*），跨過大西洋，影響了美國某些建國先賢的想法。[7]

羅爾斯會主張，人的性格——例如某人是否具公益精神或極自私——並非自主性自我固有的特質，而是受人的文化傳統或先天遺傳決定、視條件而定的屬性，與膚色或自小耳濡目染習得的宗教信仰無異。他，一如康德，會主張想要受教育或想要與其他受過教育者同生活於一社會的念頭，係一種在重要性並未優先於其他願景或未優先於正義之條件的對「善」的願景（其實康德已因為在此問題上前後不一致而受指責，因為他在其他地方主張受過教育的公民群體較可取）。8

羅爾斯式自由主義為正在更大社會裡同時發生的內在自我之解放，為對個人自主權之範圍的日益瞭解，提供了讓人能接受的哲學性理由。不管是在美國，還是在歐洲，一九五〇年代大概是社會共識和社會成員行為一致性的巔峰時期。在美國，共和黨已終於接受「新政」和福利國體制，而且其政策性觀點和民主黨有許多重疊之處。在歐洲，各界普遍同意需要健全的福利國體制，在德國和法國立場屬中間偏右的基督教民主黨對此投入很大心力。與主流新教、天主教教會的宗教聯繫程度在美國甚高，五成美國人說定期上教堂。9

但在這社會一致性的表象下，新思潮正在形成。個人目標越來越不由制度性宗教設定，而是由「自我實現」的需要決定。盧梭口中的內在自我，正受到社會規範的抑制和壓迫，而自我實現得到重視一事，可以視為盧梭之內在自我在當今的表現。社會心理學家亞伯拉罕．馬斯洛（Abraham Maslow, 1908-1970）把自我實現視為人的最高需求，比家庭或社會團結之類較普通的關注還受看重。[10]他提出這理論時，得到急速壯大的新一派治療心理學家支持，在為心理困擾或疏離的人提供社會安慰上，這些心理學家的角色日益吃重，使越來越多牧師或堂區神父失去原扮演的這一角色。

一九五〇年代垮掉的一代（beat generation）和一九六〇年代期間出現的反正統文化（counterculture），把矛頭指向一致性本身，視之為使人無法發揮潛力的首惡。這一造反潮擴及政治界，出現「新左派」以挑戰美國主流自由主義者的改良性（meliorative）政治主張，這些自由主義者的政策已使美國陷入越戰。在歐洲，出現類似的政治激進化現象，例如一九六八年情勢使深具象徵意義的戴高樂丟掉法國總統之位。

在美國，針對一九六〇年代的社會動亂，政治上急速出現強烈的反對聲浪，導致尼克森於一九六八年大選壓倒性大勝，一九七二年連任成功。越戰一敗塗地和水門醜聞，使許多美國人和歐洲人更加不信任本國的體制，但未能阻止新一代保守領袖——雷根和柴契爾夫人——在一九八〇年代崛起。接下來的一個世代，大學校園平靜下來，學生看重就業安穩和事業發展甚於社會議題或政治。

雷根主義的政策主旨，把重點擺在另一類自由主義自主權上，採行要官方不要再管制私人市場並追求經濟自由最大化的新自由主義計畫。但雷根主義不斷攻擊官方角色和集體行動說，其實為剝奪既有體制的正當性和使人對政府潛在角色更加不信任，助了一臂之力。雷根擔任總統期間個人始終很得民心，但社會普遍不信任的心態在這期間開始不斷往上攀升。[11]

社會、政治保守的表象，掩蓋了正在表面底下發生的大改變。欲自我實現的念頭未消失；它只是被從政治和外顯的反正統文化行動主義，轉移到與個人更切身相關的東西上。塔拉·伊莎貝拉·伯頓（Tara Isabella Burton）把這個轉變稱作「再混合的宗教」（remixed religion），在此轉變中，原本遵奉的制度性宗教被「直覺性」宗教取代，後者可用出於個人抉擇的許多事物組合而成。[12]許多美國人以印度教或佛教之類的東方宗教補充或根本取代基督教，這些東方宗教提供了似乎被主流教會堵住的靈修之路。另有數百萬人開始透過瑜伽和冥想修習稀釋版的印度教，冥想要人把注意力直接擺在找回內在自我上。他們相信這麼做是在鍛練身體或追求內心的健全，卻在無意中相信了找回自己深深隱藏的自我會是獲致幸福的根本之道。

這一追尋內在自我的風潮還表現在其他方面，例如「康適」（Wellness）運動、「自我照顧」（self-care）運動，以及強調透過吃有機食品之類習慣增進個人健康一事。人當然要照顧好自己身體，但對許多美國人來說，「康適」具有精神意涵，並得到想要讓消費者相信自家產品會同時增進身心健康以藉此賺錢的企業積極推動。伯頓所舉的例子之一是靈魂單車（SoulCycle）健身房。這家健身房不只提供有氧健身訓練，據其宣傳資料所說，還提供成為更好之人（「叛逆者、英雄、戰士」）的途徑，以及傳統宗教所曾提供的共同體意識。方興未艾的內在自我追尋風潮，還體現在把靜觀（mindfulness）課程、冥想應用程式，以及把健康產品、有機食品、護膚霜包裝成自我照顧產品，是用來找回並保護「真正自我」的工具。如果說一九五〇、六〇年代時治療師已開始在精神困擾的治療上取代牧師和神父，二〇〇〇年時，「網紅」（influencers）則取代治療師成為人們求助的對象。

自我照顧運動和康適運動只是盧梭所構想的內在自我之「圓滿」在當今的體現。內在自我是好的，找回內在自我係人類幸福的原始泉源。但內在自我已被外在社會污染，被削弱我們自尊的好競爭之衝動污染，外在社會餵給我們充斥殺蟲劑和人造調味料的不健康食品，設下使人焦慮、自疑的目標和期望。我們不用再拜上帝，反倒需要崇拜自己，崇拜被懷疑和不確定感掩蔽的自我，當年上帝也曾受掩蔽，使馬丁・路德不得見到。我們不要尋求他人給的虛假尊重，而需要自我看重。自我看重就是最終讓我們具有能動性、使我們作自己人生主宰的憑藉。

羅爾斯式自由主義最初係為捍衛個人抉擇權，使其免遭壓迫性社會控制所害而設。羅爾斯挑明矛頭對準邊沁（Jeremy Bentham, 1748-1832）之類思想家所闡述的功利主義版自由主義。邊沁主張為了造福更多數人，個人的權利可擺在其次。羅爾斯為正義優先於善一說辯護，係為了保護持異議的個人，使其免遭已得到普遍認可的看法壓迫，例如傳統宗教所提供的那些看法。在當今的自由主義社會裡，讀過羅爾斯著作者少之又少，但他的看法已透過多種方式慢慢滲入大眾文化裡，滲入美國的法律體系裡。我們相信種種既有的制度（從家庭到工作場所到政治當局），正約束我們內在自我的自由。在許多地方，異議受到頌揚，遽下評斷之舉受到譴責。抉擇的自由不只擴及在眾所認可的道德框架裡行動的自由，還擴及選擇該框架的自由。

或許有人會問，在個人欲以從瑜伽到健康飲食到上「靈魂單車」健身等種種方式實現自我的社會裡，只要他們不違反羅爾斯的正義原則，不阻止他人實現自我，這樣的社會有何可怕之處？哪裡威脅到自由主義，而非實踐自由主義理念？

這疑問有兩個答案。第一，相信個人至高無上的心態，使自由主義更易動不動就削弱其他種公共參與，尤其使人拒絕接受公益精神之類美德，而公益精神是維繫整個自由主義社會所需。這種心態把人關在托克維爾（Alexis de Tocqueville, 1805-1859）所謂的由家人、友人組成的「小共同體」裡，而非參與涉及層面更廣的政治。

第二個問題與第一個問題正好相反。許多人會始終不滿意於他們所獲告知他們可不受約束行使的個人至高無上權。他們認識到他們的內在自我並非如羅爾斯所說的至高無上，而是深受種族主義、父權制之類外力左右。自主權需要行使，但行使者與其說是個人不如說是所屬的群體。羅爾斯所謂理性的個人會同意「原初處境」原則一說，高估了人的理性，從經驗角度來看似乎會說不通。[13]這種想要在「價值」方面始終保持中立的自由主義，質問自由主義本身的價值，從而最終自挖牆腳，成為不符自由主義原則的東西。

注釋

1. John Rawls, *A Theory of Justice. Revised Edition* (Cambridge, MA: Belknap/Harvard University Press, 1999).
2. For a multifaceted critique of Rawls, see Allan Bloom, "Justice: John Rawls Versus the Tradition of Political Philosophy," in *Giants and Dwarves: Essays 1960–1990* (New York: Simon and Schuster, 1990).
3. Robert Nozick, *Anarchy, State, and Utopia* (New York: Basic Books, 1974).
4. Alasdair MacIntyre, *After Virtue* (Notre Dame, IN: University of Notre Dame Press, 1981), pp. 244–55; Charles Taylor, *Sources of the Self: The Making of the Modern Identity* (Cambridge, MA: Harvard University Press, 1989), pp. 88–90; Michael Walzer, *Spheres of Justice: A Defense of Pluralism and Equality* (New York: Basic Books, 1983); Michael J. Sandel, *Liberalism and the Limits of Justice. Second edition* (New York: Cambridge University Press, 1998).
5. Sandel (1998), p. 177.

6. Ibid., pp. 179, 186.
7. J. G. A. Pocock, *The Machiavellian Moment: Florentine Political Thought and the Atlantic* (Princeton, NJ: Princeton University Press, 1975).
8. This is noted in William A. Galston, "Liberal Virtues," *American Political Science Review* 82 (1988): 1277–90.
9. Robert D. Putnam and David E. Campbell, *American Grace: How Religion Divides and Unites Us* (New York: Simon and Schuster, 2010), p 83.
10. Abraham H. Maslow, "A Theory of Human Motivation," *Psychological Review* 50 (1950).
11. On the secular decline of trust in the United States, see Ethan Zuckerman, *Mistrust: Why Losing Faith in Institutions Provides the Tools to Transform Them* (New York: W. W. Norton, 2020), p. 83.
12. Tara Isabella Burton, *Strange Rites: New Religions for a Godless World* (New York: PublicAffairs, 2020).
13. One of the critiques of Rawls's assertion that all people behind the veil of ignorance

would choose a rule that did not disadvantage the weakest is that it assumes a very low level of risk tolerance. It is entirely possible that someone may choose to risk being badly off if he or she could also hope to become very rich and powerful——preferring a life in, say, Renaissance Italy to modern Switzerland, as in the film *The Third Man*.

第五章

自由主義自挖牆腳

Liberalism and Its Discontents

誠如我在個人著作《身分政治：民粹崛起、民主倒退，認同與尊嚴的鬥爭為何席捲當代世界？》（*Identity: The Demand for Dignity and the Politics of Resentment?*）裡所解釋的，我們人人都有個需要得到尊重和肯定的真實內在自我一說，存在於西方思想界已很長時間。這類身分多樣、數量眾多且無所不在。另一方面，「身分政治」往往把重點擺在種族、族群或性別之類無法改變的特性上。這些特性不只被視為個人所具有的許多特性之一，還被視為內在自我的根本要素之一，而且是需要得到社會肯定的要素。

在世上許多地方，身分政治大行其道。巴爾幹半島、阿富汗、緬甸、肯亞、奈及利亞、斯里蘭卡、伊拉克、黎巴嫩等國家被分割為涇渭分明的族群或宗教群體，而且對這些較小之群體的效忠往往凌駕於對較大的國家的效忠。身分政治使自由主義難以在這類社會裡施行；我會在第九章探討用來調和對群體肯定之要求的政治策略。

在美國，身分政治濫觴於左派，非裔美國人、女人、同性戀者和其他人，在始於一九六〇年代的一連串社會運動裡，開始於左派領域要求得到平等的肯定。*身分政治是很有力的動員工具，能為促進這些群體的權利助一臂之力。藉由身分政治，能助個人理解他們受到什麼樣的不公義對待和不平等待遇，他們與所屬群體的其他成員有何共通之處。

身分政治的出現，最初係為實現自由主義的承諾。自由主義提倡人人平等和人的尊嚴在法律下受到平等保護的信條，但現實裡的自由主義社會未能符合這些理想。美國打完內戰和通過第十三、十四、十五憲法修正案後，種族隔離

---

*白人身分政治老早就存在；三K黨係由內森．貝德福德．佛瑞斯特（Nathan Bedford Forrest, 1821-1877）之類落敗的邦聯人士所創，這些人認為南方地區在「北方侵略戰爭」中被不義地征服，認為白人需要在戰後申明白人種族的最高地位。但在南方地區和其邊界地帶，大部分美國白人未把自己先視為受害的白種人，而是自視恰好為白種人的美國人。

和非裔美國人機會極不平等的現象，在美國許多地方牢不可破。在大部分自由主義民主國家，女人直到一九二〇年代才有投票權，在一九六〇年代之前，女人大多被拒於工作場所之外。同性戀在大部分民主國家被列為犯罪行為，男女同性戀者則在更長的時間裡始終不敢出櫃。在國際上，對世上許多地方的殖民支配持續到二次大戰結束許久以後，並以英法之類主要的自由主義強權為首。

女人從遠古就得承受從性騷擾至強暴和他種暴力的種種惡行，而隨著一九六〇年代起女人開始大舉進入勞動市場，這一情況變得更加嚴重。在「#MeToo」運動興起之前，女人大多經歷過這些惡行。誠如此運動的主題標籤所表明，性騷擾是多種領域裡的女人共有的經驗。就是這個內涵在不斷變動的共同經驗自覺，推動一政治運動去改變與男女互動有關的法律和規範。同樣的，非裔美國人遭逮捕、監禁的比例超乎其在美國人口裡所占比例，同樣的罪行，黑人遭判的刑期較長，黑人長期以來受到警察攔查、搜索之類白人所未遭受的日常侮辱，而且上述情況如今仍存。在民主政治體制裡，要糾正這種不平等待遇，唯一辦法是透過政治行動：美國公民，不管是白人還是黑人，都必須理解種族主義的本質，都必須被動員起來要求採取打擊此類行徑的政治行動。

從這個角度看，身分政治致力於徹底完成自由主義計畫，實現某些人所希望的「不問膚色」的社會。就是在這個奮鬥目標下，一九六〇年代的民權運動終止了法定的種族隔離措施，促成「民權法」、「投票權法」之類在法律上重要的變革。民權運動者開始挑戰南方地區的歧視性法律，而警方和地方自發成立的治安維持會的殘暴反應激怒民意，讓民權運動更為壯大。馬丁·路德·金恩（Martin Luther King, Jr., 1929-1968）之類運動領袖的目標，只是要讓非裔美國人如憲法第十四修正案所承諾的成為正格的美國人。

但隨著時日推移，批判矛頭開始從自由主義未能符合其所高舉的理想，轉向自由主義理念本身和此學說的根本前提。這一批判鎖定自由主義對個人主義的強調、其道德普世性的主張、其與資本主義的關係。

晚近幾年，針對「批判性種族理論」（critical race theory）和其他與族群、性別、性別偏好等議題有關的批判理論，美國境內出現論戰。當今批判理論的代表，屬推廣普及者和政界提倡者，甚於發出經久不衰之論點的嚴肅知識分子，而批評他們的右派人士（其中大多完全未讀過批判理論）則更糟糕。批判理論對自由主義的根本原則發出嚴正且歷久不衰的批判，在此有必要談談此理論的起源。最極端的批判理論，從批判自由主義作法轉而批判自由主義的根本要素，欲以另一種違反自由主義原則的意識形態取而代之。在此，我們再度看到自由主義理念被拉綳到要斷掉的程度。

赫伯特・馬庫色（Herbert Marcuse, 1889-1979）是批判理論的先驅之一，他一九六四年著作《單向度的人》（*One Dimensional Man*）和其文章〈壓抑性寬容〉（Repressive Tolerance），成為後來之批判理論的指導原則。馬庫色主張，自由主義社會其實不符自由主義原則，既未保護平等，也未保護自主權，反倒被資本主義菁英控制。這些菁英創造出消費者文化，一般人受該文化哄騙，而順從其規則。自由是幻象，只有靠創造出截然不同的社會才能予以打破此幻象：

而要使每個個人自由和他人自由間這樣的和諧關係有機會出現，其難題不在於找到競爭者間的折衷之道，或在已屹立許久的社會裡，找到自由與法律間、大我利益與小我利益間、共同幸福和私人幸福間的折衷之道，而在於要創造出讓置身其中的人不再被從一開始就敗壞自決的制度奴役的社會。[1]

同樣的，言論自由不是絕對不受限制的權利；捍衛現狀的壓迫性勢力行使不當的言論時，那種言論就不該得到容忍。[2]

馬庫色，一如這時期許多「新左派」激進人士，主張傳統工人階級已不再是具有革命潛力的勢力，反倒已成為反革命勢力，實際上已被資本主義收買。他接著會寫到影響人爭自由之成敗的一個因素：性態度和性活動。[3]於是，馬庫色是二十世紀、二十一世紀進步主義之聯結點上的重要橋梁。二十一世紀的進步主義越來越從以種族、族群、性別、性傾向為基礎的較狹隘身分群體的角度，而非從資產階級、無產階級之類涵蓋更廣的社會階級角度，界定不平等。

對自由主義之根本原則的系統性批判，由數個不同的論點組成。剛開始時，此批判不接受自由主義的原始個人主義（primordial individualism）前提。一如馬庫色，持進步主義立場的批評者主張，在既有的自由主義社會裡，個人其實無法行使個人抉擇權。霍布斯、洛克、盧梭或提出「原初處境」論的羅爾斯之類的自由主義理論家，主張自然狀態下的孤立個人心甘情願選擇締結打造公民社會的社會契約。用約翰·克里斯曼（John Christman）的話說：

> 近代的西方政治哲學——被統稱為自由主義理論的思想支配——認為在這些時空背景下得到利用的那種人格性（personhood）典範基本上是個人主義的……此外，對這個公正政體之公民的描述，未具體提到

社會身分的標記，例如種族、性別、性態度和性活動、文化之類的，而這些標記是許多真實存在的個人描述自己時可能會立刻提到的東西。在自由主義傳統裡，描述這個模範人的特性時，此人與過去或現在的他人或外在於「他」的社會因素未有根本的關連。[4]

查爾斯・米爾斯（Charles W. Mills, 1951-2021）之類的早期批判理論家，痛批羅爾斯筆下的正義論未能具體處理史上最大的不正義根源之一——一種族支配另一種族。[5]這當然是羅爾斯之方法論的一個特點，而非缺失，因為他的「原初處境」要求拿掉個人的所有「視條件而定」的特性。但剩下的自主主體變得薄弱，係此理論的一大缺點。在這方面，米爾斯係批評羅爾斯的那些「社群主義」者的一分子，主張個人和個人的具體屬性（例如種族、性別或性傾向）兩者在重要性上沒有先後之分。

批評自由主義者進一步斷言，個人主義是與其他文化較注重大我的傳統合不來的西方概念。有人主張，個人主義在東亞、南亞、中東或漠南非洲，始終未像在歐洲和北美洲那樣生根立足；因此，自由主義堅信個人人權普世皆然，洩漏了狹隘的歐洲中心論。

批判理論家從這個對原始個人主義的批判出發，接著提到自由主義未能認識到群體之重要性一事。自由主義理論往往認為個人會自動找人組成群體，不管那群體是家庭、公司、政黨、教會或公民社會組織。批評者主張，這個理論未考慮到一點，即真實世界裡的社會被組織成非志願性的群體，該群體裡的人被按照他們所無法掌控的種族或性別特性分類。以安・卡德（Ann Cudd）的話來說：

> 我們是作為社會群體一員的個人，其中有些群體係我們所選擇歸屬，有些群體則是如果我們能選擇要不要歸屬，不管我們選擇要不要歸屬，我們都歸屬之。但社會科學家、哲學家、理論家往往忽視、貶低

或否定上述其中一種或兩種社會群體，以掩蓋這個社會生活景象。6

自由主義愛把人加入任何群體都認為出自自願的心態，係（如第三章裡所指出的）新古典經濟學家所支持的集體行動理論的顯著特點之一：群體存在只為增進群體個別成員的利益。相對的，批判理論主張最重要的群體係某些群體支配其他群體所造成。

根據這個論點，有了以下的相關指控：自由主義未能賦予文化群體足夠的自主權，致力於將源於歐洲價值觀的文化強加在擁有其他傳統的形形色色人民上。據以界定群體之與眾不同者，不只他們的受害一事，還有把他們拴在一塊的深厚文化傳統。於是，自由主義多元主義不只該認知到個人的自主性，還該認知到構成任何社會之文化群體的自主性。文化自主在於群體能掌控教育、語言、習俗、界定一群體如何理解自身起源和目前身分的敘事。

對自由主義的第三個批判，與自由主義使用契約論一事有關。霍布斯、洛克、盧梭、羅爾斯都清楚提到社會契約，透過社會契約，可透過成員間的自願協議形成公正社會。四人眼中的社會契約當然彼此稍有差異：霍布斯相信個人能自願服從君主國，洛克相信社會契約必須得到被治理者清楚表明的同意認可。但四人都認為契約當事人是能作出抉擇的個人。

在《性契約》（*The Sexual Contract*）中，主張男女平等的作家卡蘿爾・佩特曼（Carole Pateman）抨擊古典自由主義理論的自願主義假設。她指出許多早期的契約理論家相信奴隸契約的正當性：如果弱者只能在作奴隸保性命和死在強者手上之間擇一，這人可自願選擇為奴。佩特曼的論點呼應了馬克思主義者對資本主義社會裡的「自由勞動」觀的批判：權勢相差甚大的兩人所締結的契約，不會因為他們係自願這麼做而公平合理。她指出，這道理用在性關係上尤其真切。洛克在其《政府論》裡抨擊羅伯特・費爾默（Robert Filmer）的父權制理論，因而歷來受到稱許。費爾默的父權制理論挑明以父親對其家庭的威權作為君權的基礎。但佩特曼主張，洛克把政治性社會和家庭這個自然形成的社會分別看待；前者係自願且合意性的，後者仍是自然的且講究等級。她主張，如此形成的新政治性社會只會放兒子自由：

性權或夫妻性交權是最早的政治權，因此被徹底掩蓋住，而且掩蓋得非常漂亮，致使當今的政治理論家和激進人士會「忘記」這個私領域也包含——而且源於——兩個大人間的契約關係。對於在現代父權制社會裡，女人，與兒子不同的，始終未脫離她們的「未成年狀態」和男人的「保護」一事，他們絲毫不覺得驚訝；在公民社會裡，我們的互動基礎始終和男人的互動基礎不一樣。[7]

女人無緣參與此契約，因為「天生不具備成為公民個體所需的能力」而無法被納入公民社會。[8]

查爾斯．米爾斯接著把對契約論的這個批判擴及到性別和種族上。美國憲法是建立這個新國家的明確契約，但它建立在不讓非裔美國人享有公民身分上，而且為了各州議員名額的分配，把他們算作五分之三的人。米爾斯主張，一如在性契約裡所見，美國的白人公民對自己的出身表達了充滿快意與自豪的尊敬，而排斥黑人一事就淹沒在這樣的尊敬之情裡，不為外界所見。[9]

對自由主義的第四個批判，主張自由主義無法與最貪婪的資本主義脫鉤，因此會繼續產生剝削和駭人的不平等。在前面第二、三章中，我主張「新自由主義」是對在特定歷史時期盛行於美國等國家之經濟自由主義的解讀。撒繆爾・莫恩（Samuel Moyn）等人主張，這一關連性並非視條件而定，而是事屬必然：強調個人主義和財產權的自由主義必然導致新自由主義。[10]

批判理論家以自由主義和殖民主義關係密切、歐洲支配非白人民族為由，抨擊自由主義。法蘭茲・法農（Franz Fanon, 1925-1961）等人所闡述的後殖民理論，抨擊貶低非西方民族和其觀點的文化優越心態，也認為殖民主義和資本主義有關連。[11]葡萄牙人和英國人於十六、十七世紀先後建立了橫跨北大西洋的三角貿易體制，糖、蘭姆酒和後來棉花被拿來換取製造品和奴隸。棉花作為讓英國工業革命有機會成功的關鍵商品，乃是由美國南部的黑奴採摘。[12]潘卡吉・米什拉（Pankaj Mishra）撰文探討了自由主義在印度或阿爾及利亞之類被殖民統治國家如何變得名聲不好，約翰・密爾（John Stuart Mill, 1806-1873）或托克維爾都支持歐洲人在這些國家支配其他民族。根據米什拉的說法，西方自由主義者相信自由主義價值觀放諸四海皆準，信奉把人視為自主個體的根本模式，純粹因為他們不知道他們所征服之領土上大不相同的文化傳統和想法。[13]

對自由主義的最後一個批判，著眼於程序上甚於實質上。自由主義社會透過憲法明訂的制衡來限制權力，因此難以更動其根本體制。它們靠審議和說服來促成改變，但這兩種作法在最好的情況下都曠日廢時，在最壞的情況下則永遠在阻礙既有的不公不義得到糾正。公正的社會需要大規模且持續不斷重分配錢與權，而此舉會招來既有的有錢有權者激烈抗拒。因此，要行使政治權力，就必須損害那些制衡機制。

於是，許多批判理論不只指責自由主義虛偽、未能符合其自身原則的要求，還譴責自由主義最核心的理念。馬庫色主張，表面上宣稱奉行自由主義原則的體制，其實根本不符自由主義原則，反倒只是反映了支配且受惠於現狀的隱而未顯之權力結構的利益，而諸多流派的批判理論運用了與此主張大同小異的論點。自由主義與諸多支配性菁英的關係，並非視條件而定的歷史事實，不管那些菁英是不是資本主義者、男人、白人或異性戀者皆然；反倒，支配係自由主義本質的最重要元素，以及這些諸多不同的群體支持自由主義這個意識形態的原因。

但這些批評都未能達到他們所要的效果，形同拿某人與有罪者有瓜葛來指控該人有罪。上述對自由主義的諸多批判，個個都未能說明自由主義在本質上如何出了問題。拿自由主義太個人主義和自由主義是視條件而定的歐洲人社會特性這個指控來說，在第三章我解釋了這個指控用在當今新自由主義經濟理論上，如何同樣站得住腳，後者主張個人的私利是世上所有人共有的首要特性。

但人格既有為自己著想的自私一面，也有為社會著想的一面一事，放在對自由主義更廣義的理解來看，毫無違和之處。

人的合群性以多種形式呈現，而在真正的自由主義社會裡，種種合群行為幾乎都被允許大行其道。隨著社會更富裕，能把更多剩餘用於社會導向的活動，私人的社交生活大增。今日的自由主義國家有許多彼此關係非常密切的自願性公民社會組織，為組織成員和政治界提供共同體、社會服務和維護權益。自由主義也未阻止國家作為共同體核心之地位的成長。從十九世紀後期迄今，福利國體制和社會保護已大幅成長，在最先進的自由主義民主國家裡，它們已耗掉將近一半的GDP。

放眼歷史，個人主義的確濫觴於歐洲某些地區，而且比現代自由主義的出現早了將近千年。誠如第三章所指出的，個人主義因天主教會推出的一連串規定而起。這些規定禁止離婚、納妾、收養、堂表親結婚，從而使大型親屬網絡要代代保有財產變得難上許多。

但個人主義並非「白種人」或歐洲人的特性。人類社會所要克服的長久難題之一，係需要打破以親屬關係為社會組織根源的現象，轉向較不講人情的社會互動形式。許多非歐洲人的社會採用多種辦法來降低親屬群體的支配力，例如在中國、拜占庭帝國境內使用太監，或者馬穆魯克－鄂圖曼人將抓來的奴隸培養成軍人和行政官員的作法，而物色人選時以奴隸的能力為依據，並禁止受培養者自組家庭。任人唯才只是另一個避免僱用堂表親或子女從事他們所明顯無法勝任之工作、挑出最合適的個人來完成任務的有效辦法。

當今某些提倡文化自主的人表示，以量和質表示且實際上以標準化考試的成績衡量高低的推理能力，在文化上對居於少數的種族不利。有些種族和族群整體來講在某些活動上表現得比其他種族、族群出色一事，表明文化的確是決定結果的重要因素之一。但要解決此問題，應著手革除那些阻礙成功的文化因素，而非貶低衡量成就高低的標準。

任人唯才觀與白人身分認同或歐洲中心論有關的理論，反映了當今身分政治的偏狹。任人唯才和標準化考試明顯源於其他非西方的文化。中國以考試取才，係因為統治者面臨激烈的軍事競爭壓力，發覺不透過考試找不到能幹的左右手和行政人才。在秦國於西元前二二一年統一中國之前，秦國就以考試取才，而且幾乎後來所有中國王朝都這麼做。事實上，為讓子弟在競爭激烈的標準化考試裡脫穎而出而自小培養他們，係最古老、最根深蒂固的中國文化傳統之一。在此作法成為西方行政國體制（administrative state）的正規作法之前千百年，中國人就已這麼做。中國統治者所面臨的與結構、環境有關的條件，類似近世歐洲統治者所面臨者，儘管地理上相隔遙遠且文化有差異，中國統治者還是打造出類似的社會體制。

因此，儘管自由主義個人主義或許是視條件而定的西方文明無心產物，但事實表明，一旦諸多不同文化的人民享受到其所帶來的自由，都對其大為心動。此外，近代經濟生活的壯大，倚賴擺脫傳統社會所一貫具有的那些公共約束的個人，晚近數年，已有數百萬人想方設法欲逃離具有這些公共約束的地方，以前往不只可能給予更大的經濟機會、還可能給予更大個人自由的地方。

自由主義國家未能肯定群體這個相關指控，大體上不符事實。自由主義國家肯定形形色色的諸多群體，給予它們法定地位，有時還給予金錢支持。它們所較不願做的事，係讓以種族、族群、性別或承襲的文化之類固定不變的特性為基礎的非自願性群體享有基本權利。不願這麼做，有其充分的理由：這些群體都包含形形色色的個人，他們本身的利益和認同可能大不同於整個群體之利益和認同。在由誰來代表其發聲上，也有個嚴重問題：誰來代表非裔美國人或女人或同性戀者這幾類人發言？

多文化主義有時是相對來講較中立的名詞，純粹在描述不同文化背景的人住在一塊的多元化社會的現實。個人主義自主往往使人必須選擇認同的群體，而自由主義社會需要保護這一選擇自由。在美國、澳洲、加拿大之類的自由主義社會，大城市的文化多元程度甚高，從而使生活更為豐富、有趣。

但有幾種文化自主不符自由主義原則。有些穆斯林移民群體歧視女人、同性戀者、想要離開伊斯蘭教者，其作法未尊重自由主義關於個人自主的規則。這方面的典型情況，係穆斯林家庭不顧女兒反對，想要逼女兒接受長輩安排的婚姻。在歐洲，這使官方陷入必須在保護移民群體的公共權利和該女人的個人權利之間二擇一的處境。在這件事情上，自由主義社會除了站在該女人那邊，限制穆斯林群體的自主權，別無他路可走。

契約論未反映不同社會群體間的權力平衡一說的確有其道理，但經過長久歲月這些問題在自由主義社會也已得到改正。美國建國時的確有個具種族歧視性質的契約，美國憲法中未把黑人視為具完整人格性之人的五分之三條款，就是明證。美國憲法是個代表在蓄奴上意見不同之兩方的折衷意見的契約，其中一方想要保住奴隸制，另一方想要廢除奴隸制或至少限制其行使範圍。蓄奴這個涉及道德的問題會繼續困擾美國政治，而且誠如林肯在其第二任就職演說裡所指出的，係內戰的根本原因。內戰後通過的諸多憲法修正案，從根本上改變了此契約的本質。要再過百年，此契約才會在法律上徹底施行，而蓄奴的原罪所帶來的影響會繼續陰魂不散。當今有些種族理論家主張，這一帶有種族歧視性質的契約仍在，既有的體制依舊以白人至上論為前提。[14]但促成當前種族不平等的因素，既非此事，也非此契約的本質。

自由主義必然導致新自由主義和剝削性資本主義一說，忽略了十九世紀後期和二十世紀的歷史。在這段時期，工人階級所得連著數代上漲，照吉尼係數衡量，所得不平等程度不斷下降，直至二十世紀中期為止。幾乎所有先進的自由主義社會，從十九世紀後期起施行廣泛的社會保護措施和勞動權。光靠自由主義，不足以治理好社會；需要民主主義與之搭配，才能以政治力糾正市場經濟所導致的不平等。沒理由認為這類糾正未來不可能出現在大體採行自由主義原則的政治框架裡。

自由主義和資本主義基本上和殖民主義有關連一說，欲把錯綜複雜且多原因的諸多情況強塞入一個單一原因的理論裡，從而在方法論上犯了一個根本性的錯誤。奴隸所生產出的糖和棉花的確對英美的經濟發展有所貢獻。但針對為何西方在經濟發展、民主政體、軍力上有別於世上其他地方，已有多不勝數的學術著作探討。在這一點上，氣候、地理、文化、家庭結構、競爭、純粹的運氣，都起了重要作用。殖民主義和種族主義未能解釋東亞之類非西方世界的地方，為何在二十世紀後期和二十一世紀，取得類似的成就。亞當・斯密之類的早期資本主義理論家挑明反對要繁榮發達就得殖民支配之說，理由是就經濟來講，自由貿易更為有效率。而自世上的諸多殖民帝國瓦解以來，全世界的確比過去富裕許多。

批評自由主義者因此表示，自由主義只是以非正規的支配模式取代正規支配模式；實力落差甚大的兩國所從事的自由貿易並非真的自由。常有人以十九世紀印度本土紡織業遭遇英國貨競爭而幾乎全部垮掉為例，說明此看法。但針對這類論點，我們有必要看看東亞的崛起。東亞趕上西方，如今在某些領域還儼然要超越西方，正因為東亞接受了自由主義全球經濟的條件。如今，有個把資源從富國轉移到窮國的龐大國際開發業，支持漠南非洲諸國的國家預算。或許會有人主張，這些作為最終只在公共衛生領域得遂所願，但就道德上說，它們絕對迥異於比利時國王萊奧波德奪取剛果資源的作為。

對自由主義的最後一項指責，與自由主義體制針對權力行使所加諸的制衡體制有關，制衡體制使權力、財富的激進式重新分配不致發生。這一指責就某種程度上來說有其道理。中國之類威權統治國家能迅速作出徹底改變，鄧小平於一九七八年改革開放，讓市場力量進入經濟領域，就是一例。基本經濟體制作如此迅速的改變，在美國之類的立憲共和國不大可能發生。在當今的進步左派陣營，有些人對卡爾．施密特（Carl Schmitt, 1888-1985）的著作重燃興趣。施密特是二十世紀初期的法學理論家，向來被認為和贊成行政部門可便宜行使權力的右派有關連。[15]

但我們應把自由主義加諸權力的限制視為未雨綢繆的保險措施。制衡係為了防止當權者擅權。中國缺乏憲法所明訂的約束，不只使鄧小平得以大刀闊斧改革，還使毛澤東得以發動帶來浩劫的大躍進、文化大革命。制衡付諸闕如，正有助於今日習近平獨攬大權。美國的制衡體制使今日年輕進步人士所希望的那種改革較不可能成真，但也使美國免遭川普濫權的傷害。改變自由主義民主國家的規則，以使以冗長演說阻撓國會通過法案之類的情事不再發生，絕非不可能。我已在他處主張，美國已成為「否決權當道的國家」（vetocracy），由於美國政治體制裡積累了許多否決點（veto point），政治決定極難作成。但未能限制權力，始終很危險，因為我們無法事先知道未來的掌權者是什麼樣的人。

過去，自由主義社會的確殖民統治其他文化體，對自己國內的種族、族群施以差別待遇，要女人扮演服從的社會角色。但若說種族主義和父權制是自由主義的基本特性，那就是把視條件而定的偶然歷史現象說成固有的特性。自封為自由主義者的那些人贊同過去不符自由主義原則的看法和政策一事，不表示自由主義無法承認、修正這些錯誤，這是批判性種族理論家查爾斯・米爾斯也承認的一點。[16]事實上，自由主義本身為其為何能自我修正提供了理論上可讓人接受的理由。「人生而平等」這個自由主義看法，使林肯得以在內戰前據理主張蓄奴在道德上站不住腳，同樣的看法促成「民權」抗爭期間所有有色人種也享有完整的公民身分。

進步人士對自由主義發出的最後指控，與某些認知模式有關。這些認知模式，自啟蒙運動以來一直與自由主義關係密切，亦即近代自然科學的認知模式。如今，就是在這個領域裡，自由主義受到最嚴重威脅，因此接下來我們要把重點擺在數量更少的一組和認知能力、說話有關的制度上。

注釋

1. Herbert Marcuse, *One-Dimensional Man: Studies in the Ideology of Advanced Industrial Society* (Boston, MA: Beacon Press, 1991).
2. Herbert Marcuse, *Repressive Tolerance* (Berkeley, CA: Berkeley Commune Library, 1968). See also Robert Paul Wolff, *A Critique of Pure Tolerance* (Boston, MA: Beacon Press, 1965).
3. Herbert Marcuse, *Eros and Civilization: A Philosophical Inquiry into Freud* (New York: Vintage Books, 1955).
4. John Christman, *The Politics of Persons: Individual Autonomy and Socio-Historical Selves* (Cambridge, MA; New York: Cambridge University Press, 2009), p. 2.
5. Charles W. Mills, *Black Rights/White Wrongs: The Critique of Racial Liberalism* (New York: Oxford University Press, 2017), p. 139.
6. Cudd, Ann, *Analyzing Oppression* (New York: Oxford University Press, 2006),

p. 34.

7. Carole Pateman, *The Sexual Contract. 30th Anniversary Edition, With a New Preface by the Author* (Stanford, CA: Stanford University Press, 2018), pp. 93–94.

8. Pateman (2018), p. 94.

9. Charles W. Mills, *The Racial Contract* (Ithaca, NY: Cornell University Press, 1997). See also Charles W. Mills and Carole Pateman, *Contract and Domination* (Cambridge: Polity Press, 2007).

10. Samuel Moyn, "The Left's Due——and Responsibility," *American Purpose* (January 24, 2021).

11. Frantz Fanon, *The Wretched of the Earth* (New York: Grove Press, 2004).

12. Kenneth Pomeranz, *The Great Divergence: China, Europe, and the Making of the Modern World Economy* (Princeton, NJ: Princeton University Press, 2000).

13. See Pankaj Mishra, "Bland Fanatics," in *Bland Fanatics: Liberals, Race, and Empire* (New York: Farrar, Straus and Giroux, 2020).

14. Ta-Nehisi Coates, *Between the World and Me* (New York; Spiegel and Grau, 2015).

15. See Carl Schmitt, *Political Theology: Four Chapters on the Concept of Sovereignty* (Chicago: University of Chicago Press, 2006).

16. Mills (1997) p. 10.

第六章

對理性的批判

Liberalism and Its Discontents

和美國境內的身分政治有著密不可分之關係的批判理論，不只批判自由主義原則，也批判和那些原則有關的言語溝通模式。就是在這個領域裡，這些批判理論產生了最顯著的影響。這一批判的較極端版，認為自由主義的理性溝通理想完全不可能成真。這派思想從結構主義，經後結構主義、後現代主義，最終化身為當今多種批判理論。一如上一章所提到的那些對自由主義的批判，這一批判始於一些切合事實的觀察心得，但接著走得太過頭，結果自毀長城。在這過程中，進步左派所率先提出的許多論點已轉為民粹主義右派所用。這一批判，與現代通信技術相結合後，把我們帶到一個認知能力的荒漠，用彼得·波梅蘭采夫（Peter Pomerantsev）的話來說，在這個荒漠裡，「沒有東西是真的，事事都有可能。」[1]

近代自由主義從一開始就和一個獨具一格的認知模式密切相關，那就是近代自然科學的認知模式。這一模式認為，在人的心智之外有個客觀實在，而且人能漸漸理解且最終操縱該實在。這一探究方式始於哲學家笛卡兒（René

Descartes, 1596-1650），一開始，他對於那個外在實在的存在，抱著再徹底不過的懷疑心態，然後慢慢打造一套條理分明的方法，據以理解該實在。那一理解最終會建立在經驗主義的觀察和一個實驗方法上。這個實驗方法由培根（Francis Bacon, 1561-1626）率先提出，旨在藉由證實相關事件的觀察結果來確立因果關係。這是近代自然科學所依據的方法，而且今日世上每門基礎統計學課程都會教授。因此，自由主義與透過科學、技術來支配自然、使用技術使世界為人類所用的計畫密切相關。

今日的民主國家正面臨嚴重的認知能力危機。社會學家馬克斯・韋伯（Max Weber, 1864-1920）把事實和價值判然兩分，主張理性只能決定前者。我們或許無法在「人類胚胎的道德意識和幼兒相當」之類的陳述上意見一致，但能就「現在外面在下雨」之類陳述的真假意見一致。多年來，現代社會一直無奈接受認為所有價值體系都有其基本主觀性的道德相對論。近代自由主義其實建立在人不會在人生的最後目的或對善的理解上意見一致這個前提上。但後現代主義已把我們從道德相對論更往前推到認知相對論，在後者，連確鑿有據的觀察都被視為主觀的。

喬納森．勞奇（Jonathan Rauch）指出，源於自由主義啟蒙運動的這個探究事實的方式，建立在對堅守以下兩規則的社會體制的信任上：沒有人說了算；認知必須建立在以經驗為依據的證據上，而非建立在提出者的權威上。[2]除了這兩者，我們還得加上一批方法，這些方法若非欲透過歸納推理來證實以經驗為為依據的命題，就是欲透過單純的觀察來證明這些命題的虛假，也就是卡爾．波普爾（Karl Popper, 1902-1994）的證偽法。這些方法被統稱為科學方法。對外在世界的認識，係累積性的社會過程，而且該過程用到該方法。進行這一過程時或許沒有事先預設結果，而其結果始終只是可能為真。但那不表示我們對存在於我們主觀意識之外的世界的諸多看法裡，有一些看法比其他看法較不確定。[3]

科學方法的興起，攸關自由主義對根深蒂固之宗教的抗爭成敗。自由主義啟蒙運動自認是人類理性戰勝迷信、蒙昧主義一事的體現。除了天啟，另有數種屬於近代之前的認知模式供人選擇，例如解讀自然界裡的徵兆或象徵，或探索人的內在意識。[4]近代自然科學最終能打敗這些另外並存的認知模式，係因為它能產生可重複驗證的結果。人類操縱自然，從而產生近代經濟世界，而在這一世界裡，透過技術進步取得的不斷成長可能被視為理所當然。以科學方法解決健康問題，使人的壽命大增；國家拜技術革新之賜，取得可用來自衛或攻城略地的巨大軍事優勢。換句話說，近代科學與國力關係密切，而一九四五年八月廣島上空的蕈狀雲或許是這一關係最有力的體現。

正因為近代自然科學與既有的權力結構關係如此密切，近代自然科學招來一個久久未消的批判，該批判質問近代自然科學的獨大地位是否正當合理，或近代自然科學是否真的有助於人類的昌盛繁榮。

對近代自然科學的批判始於一個令人意外之處，即十九世紀後期瑞士籍語言學家斐迪南・德・索緒爾（Ferdinand de Saussure, 1857-1913）的著作。索緒爾主張，言語不必然指向一個存在於說話者意識之外的客觀實在；反倒言語被束縛在能指（signifiant）和所指（signifié）的二元關係裡，在這關係中，說話這舉動本身左右了看似外在之世界被感知的方式。[5]諸多能指在一個反映了使用該語言者之意識、從而呈現不同文化的體系裡被連在一塊。

索緒爾的觀念於一九六〇、七〇年代期間被一連串法國籍作家進一步闡發，其中包括精神分析學家雅克・拉岡（Jacques Lacan, 1901-1981）、文學批評家羅蘭・巴特（Roland Barthes, 1915-1980）、哲學家雅克・德希達（Jacques Derrida, 1930-2004）。他們從索緒爾的思想裡所拿掉的東西，係徹底主觀性這個觀念：我們以為感知到的外在世界，其實是我們在談它時所用的言語所創造出來。德希達對索緒爾有所批評，但他所催生出的解構主義致力於證明所有作家都在不知不覺中參與了一件事，即反映其所牢牢置身其中的社會結構。[6]人讀莎士比亞或歌德的著作，不是為了汲取該作者的用意或智慧；反倒揭露了該作者如何洩露本身用意或如何反映其所屬時代不公正的權力關係。

索緒爾和源於其著作的結構主義，未就所有語言的根本主觀性作出適用於大部分情況的陳述；解構主義則這麼做了。後者的作法為為何該攻擊西方的奠基性著作——從荷馬著作、希伯來語聖經直至已成為歐美無數西方文明課程之基本書籍的馬克思、佛洛伊德著作——提供了能令知識分子接受的理由。

此一作法的先驅是主張「沒有事實，只有解釋」的尼采（Friedrich Wilhelm Nietzsche, 1844-1900）。但把這股思想系統化並對後來的趨勢影響最力的思想家是傅柯（Michel Foucault, 1926-1984）。傅柯在一連串立論精闢的著作裡主張，近代自然科學的語言被用去掩蓋權力的行使。對精神失常和精神疾病的定義、以監禁懲罰某些類行為一事、醫學界對性偏差等行為的分類，並非以對既有之實在的中立性經驗主義觀察為本，反倒反映了想要征服、控制不同類人的更大權力結構的利益。[7] 據稱客觀的近代自然科學語言，為這些利益編了碼（encoded），使人察覺不到掌權者的影響力；因此人們在不知不覺中受到操控，進而堅定表示某些觀念和支持那些觀念的群體的確是龍頭老大。

由於傅柯的緣故，解構主義演變為後現代主義。後現代主義係對數百年來被認為與古典自由主義密切相關之認知模式所發出的批判，而且是較著眼於整體的批判。這一批判被輕易併入一九八〇年代起在美國學界迅速大量冒出的多種大同小異的批判理論裡，當成抨擊當時具有種族偏見、性別偏見之權力結構的工具來用。愛德華·薩依德（Edward Said, 1935-2003）一九七八年著作《東方主義》（*Orientalism*），挑明使用傅柯的權力、語言理論來攻擊盛行於學界的跨文化研究方法，為後來認為不可能得到不受知識生產者的身分認同制約的「客觀知識」的後殖民理論家，奠定了基礎。[8]美國曾存在歷史悠久且必然充斥於幾乎所有美國制度的種族等級體制和種族不公，而後現代主義為弄清楚這些議題提供了一個現成可用的框架。語言和被其編碼後的權力關係，依舊是此批判的最重要成分：例如「美國的」這個形容詞通常被賦予了關於此主體之種族、性別、文化傾向的許多看法。身分群體對於語言如何以微妙且往往不為人所察覺到的方式強化權力關係之舉非常敏感，而當今針對性別代名詞的辯論，只是這一敏感心態的最新表現而已。

因此，傅柯把語言理解為權力的工具而非取得客觀知識的中立手段一事，局部說明了那些認同他看法的人為何對言語的表達這麼單純的事極端敏感。在今日許多大學校園和菁英文化機構，會有人抱怨道，光是使用某些詞語，不管是口頭上還是白紙黑字呈現，都是暴力行為，使他們覺得「不安全」，受到久久難以擺脫的壓力。凡是經歷過真暴力的人都會知道，臉上挨了一拳和聽到不舒服的話，兩者差別很大。但根據傅柯的邏輯，言語係權力的表現，而那權力能使人覺得人身不安全。

在自由主義計畫的中心，有個關於人類平等的假設：拿掉我們每個人身上的習俗和積累的文化包袱後，存在一個所有人共有且能在彼此身上認出的根本道德核心。就是這個彼此共有的認知，使民主審議和民主選擇得以有機會實現。

隨著人們日益體察到身分認同的複雜性，這一根本看法受到攻擊。個人並非自由主義理論裡能自主行事的個體，而是被他們所無法掌控的更大社會力量塑造而成。身處主流社會的人，未感受到不同群體的「親身經歷」，尤其是遭主流社會邊緣化者的「親身經歷」，而有著不同生活經歷的人也不可能有他們那種「親身經歷」。多重身分交織性（intersectionality）表明社會上存在數種不同形態的邊緣化，而這些邊緣化形態的交織創造出新式偏見和不義。這是真的具有那些多重身分的人，而非更大的群體，一開始所理解的東西。[9] 更概括的說，對世界的認知，不像是任何觀察者所能簡單拾取並利用的一連串以經驗為依據的事實。認知與生活經歷密不可分；認知不是抽象的認知行為，而是與所作所為和受到的對待牢不可分。

上述諸多看法裡，有許多係我們所無法駁斥，因為它們以千真萬確的觀察結果為立論起點。那些被當成不偏不倚且經科學確認成立的結論提出的看法，其實反映了那些表達它們者的利益和權力。

例如，演化生物學家約瑟夫·海因利希（Joseph Heinrich）已著書探討研究人類行為的社會科學家通常以他所謂的 WEIRD 人作為觀察或實驗對象——所謂的 WEIRD 人，即西方（Western）、受過教育（educated）、工業化（industrialized）、富有（rich）、民主（democratic）的人。這樣的研究宣稱描述人類共有的特性，其實，照海因利希的說法，反映了在親屬關係、個人主義、義務、政體之類議題上受文化決定的行為和態度。事實表明，當我們從全世界的角度檢視人的行為時，WEIRD 人是不同於其他人的小眾。[10]

同樣的，整個新古典經濟學界把其經濟學說成以不偏不倚的立場將科學方法用於經濟學研究。但誠如前幾章所述，這門學科也反映了社會裡的權力關係，尤以在其新自由主義階段期間為然。在社會科學界，試圖用抽象數學模型將本身理論形式化上、試圖發展出以經驗為依據的嚴格方法論來證實理論上，就屬經濟學家走得最遠。經濟學家往往被說成具有「嫉羨物理學」（physics envy）的不健康心態，希望把他們的學科改造為和最抽象、最數學化的自然科學並駕齊驅。

這未阻止經濟學免於權、錢的吸引力荼毒。有錢的企業和個人創立智庫，聘僱名聲響亮的經濟學家，要他們寫學術文章合理化有利於他們一己之私的政策。這些企業和個人力促解除管制、堅決捍衛財產權、推動私有化。在此不是要指控大部分經濟學家赤裸裸的腐敗，儘管在某些情況下，的確可能出現此情況。其實，問題在於所謂的「學問俘虜」（intellectual capture）現象：人受了某種方式的訓練且該人的所有同僚都肯定同一套信念，這時，此人往往會發自肺腑接受並贊同該框架。捍衛這些看法，讓人賺進諮詢費並受邀至漂亮的渡假勝地開會，何樂而不為。

於是，對近代自然科學和對與古典自由主義有關的認知法所發出的諸多批判，有許多因此被視為正當合理。但許多版本的批判理論不只抨擊科學方法遭誤用一事，還針對從啟蒙運動以來的科學發出指涉範圍更廣的批判。此批判主張，對自由主義所不可或缺的人類共性的追尋，係為了權力而進行的活動，其中具有濃濃的種族主義、父權至上心態，欲強迫世上其他人接受特定文明的觀念。任何人都不可能擺脫其一生下來就具有的身分，或不可能以跨越身分群體界線的更高視角看待世事。例如，女性主義作家露西．伊瑞葛來（Luce Irigaray）主張，在物理學裡，固體力學是充滿陽剛氣息的看待世界的方式，流體力學則是充滿陰柔氣息的方式。[11]批判理論主張一種把知識扎根於親身經歷和情感的激進主觀論，而不追求透過縝密的觀察和思考來增進對外在世界日增的認識。

在傅柯對科學的批判裡，也含有陰謀論的成分。他主張，權力的本質已在近代有所改變。它原本是君王所公開運用的一個屬性，君王能以抗命為由下令處死其任何子民。近代權力的行使，當下較不易察覺；它建立體制和用以管理、談論社會生活的語言，即他所謂的「生命權力」（biopower）。[12]在後來的著作中，傅柯主張權力充斥於幾乎所有活動裡，到了批評者所謂的使他的概念失去任何解釋力（explanatory power）的地步。[13]但這還是提供了一個可供後來的批判理論家用來說明據稱客觀的科學其實如何為特定菁英群體——白種歐洲人、男人、「異性戀本位」（heteronormative）者之類——的利益服務的論點。

後現代主義和其衍生的批判理論已存在很長時間，而且受到批評，甚至嘲笑。有些在此領域作研究的人——最早是拉岡、德希達之類的後結構主義者——其行文方式似乎存心要使其思想不易為人所懂，使他們不必為自相矛盾和道理薄弱自圓其說。[14]後現代主義似乎是侷限於某些學術部門且只有圈內人能懂的東西，但它也繼續提供可供進步人士據以解釋世界的框架。二〇二〇年五月喬治．佛洛伊德（George Floyd）遇害一事，挑起理直氣壯的洶湧民憤和全美各地反警察暴力的抗議，但也催生出與過去的批判有許多不謀而合之處的反種族主義著作。[15]在這批著作裡，種族主義未被視為個人的屬性或有待解決的政策性問題，而是據說充斥於美國所有制度和人心裡的弊病。一如傅柯的生命權力，種族主義反映了由白人享有最高地位的根本權力結構，這個權力結構與語言融為一體，而且隱身功夫了得，致使連自認反種族主義的進步人士都未察覺。

後現代主義對自由主義的批判和與其相關的認知法，如今已轉移到右派手上。如今，白人民族主義群體自認是處境堪憂的身分群體。新冠肺炎疫情期間，世界各地一群組成更駁雜許多的人士，運用了由批判理論和左派所率先發出、帶陰謀論性質的同一個對近代自然科學的批判。他們提出和傅柯的「生命權力」類似的東西，主張建議保持社交距離、戴口罩、封城的公共衛生行政機構，其所為未反映「客觀」科學，反倒出於不為人知的政治動機。[16]這個右派論點的企圖遠不止於此，還想要削弱科學界和運用科學之機構的公信力。從川普以降的當今保守派人士大概完全沒讀過他們所強烈譴責的後現代主義理論，但有些著迷於此運動的知識分子，例如安德魯·布雷特巴特（Andrew Breitbart, 1969-2002）、彼得·提爾（Peter Thiel）讀過。他們只是把一開始係在批判當道右派的論點，用來批判當今進步人士把持照理應保持中立的組織（例如學術界和主流媒體）。[17]

進步身分群體出手顛覆古典自由主義和與其相關的認知模式，係認定此作為會造福歷史上在自由主義體制下遭邊緣化的那些群體。這類群體因此會被照自由主義所承諾但始終未履行的方式授予尊嚴和公平的肯定。

在這方面，尼采預言起推翻自由主義理性的支配地位所可能導致的衝擊時，其所言比起他二十一世紀初期的批判理論信徒，更為真誠且一針見血。他主張近代自由主義建立在一組最終靠基督教道德觀支撐的假設上。基督教的上帝曾活著，但此時已死；隨之，各種價值觀，包括平等價值觀，開始受到重新評價。尼采把基督教稱作奴隸宗教，稱許已被該教馴服、馴化的「金髮碧眼獸」（blond beast）。弱者應受到和強者一樣的對待這個原則，就和強者應統治弱者這個原則一樣站不住腳。事實上，普世通用的價值衡量標準只有一個，就是權力，而且是貫穿人類所有活動的「權力意志」（will to power）。用後現代主義的話語來說，如果傅柯主張科學方法給隱藏之菁英的權力和利益編了碼，那麼我們就得問有什麼不為人知的權力計畫在驅策傅柯本人。如果除了權力，沒有其他真的普世存在的價值觀，那麼人為何會想要接受對任何遭邊緣化之群體的賦權？畢竟此一賦權之舉只會是用另一種權力表達方式取代既有的權力表達方式。

這正是已被今日美國境內右派極端主義群體採用的論點，這些人公開表示擔心會被有色人種「取代」。這是杞人憂天，但如果拋掉自由主義的以下假設，這憂心就似乎有其道理：任何人，不管屬於哪個種族、族群、性別，都能在平等的基礎上分享一個涵蓋範圍更廣的自由主義身分。這些極端主義群體抗爭，不是為了保住自由主義秩序，而是為了在與其他族群的零和對抗中保住權力。

自由主義社會同意各方在最後目的上各持己見，但如果無法建立一個由以事實為依據的真相所構成的等級體系，這些社會就活不久。這一等級體系係各種菁英所創建，而且這些菁英獨立行事，不受那些掌有政治權力者擺布。美國法院可以不受理在事實和法律上不符誠信原則的官司，能懲罰對法院說謊的律師。科學刊物不會刊登未通過同行評審的專題文章，如果查明專題文章造假或以站不住腳的證據為依據，會收回該文章。負責任的記者有證實真相的一套辦法，負責任的媒體會收回經查明不實或會誤導認知的報導。這些作法沒有一個絕對不會出錯，而且個個都可能出現偏差，但它們並非欲透過它們使一般人失去權力或操縱一般人的菁英所刻意設計出來。

因此，當今的身分政治有兩種。一種把追求身分之舉視為自由主義政治的圓滿實現：歷史上那些占據支配地位的菁英未能意識到遭邊緣化之群體的抗爭，從而未能認識到他們隱而未顯的共通人性。這種身分政治所追求的目標，係在人人共有隱而未顯的人性這個自由主義假定下，讓遭邊緣化群體的成員，得到個人所應得的接納和平等待遇。

另一種身分政治把諸多不同群體的親身經歷視為基本上無法相提並論；認為不可能存在放眼四海而皆成立的認知模式；並且看重群體經歷甚於形形色色之個人所共同擁有的經歷。久而久之，這一身分觀與和右派有著更普遍之關係的一種歷史民族主義合為一體。民族主義濫觴於十九世紀初期，最初係對自由主義的普世化主張所發出的強烈反彈。民族主義者主張，每個國家都有需要予以保存並珍惜，以免自身的歷史和文化傳統，遭到逕自把人民視為無明確輪廓之個人的自由主義政治傷害。例如，德意志浪漫派抨擊英格蘭自由主義者符合科學定律、經驗主義法則的作法，高舉以情感和直覺為基礎的真理。

這一切不表示身分政治是錯的，而是表示我們我們必須重拾自由主義對自身目標的詮釋。我們必須把以人皆生而平等為前提的自由主義，作為身分群體爭取自身權利時所應奉行的準則。

注釋

1. Peter Pomerantsev, *Nothing is True and Everything is Possible: The Surreal Heart of the New Russia* (New York: PublicAffairs, 2014).
2. Jonathan Rauch, *The Constitution of Knowledge: A Defense of Truth* (Washington, DC: Brookings Institution Press, 2021).
3. Alan D. Sokal and Alan Bricmont, *Fashionable Nonsense: Postmodern Intellectuals' Abuse of Science* (New York: Picador, 1999), chapter 4.
4. Theodor W. Adorno and Max Horkheimer, *Dialectic of Enlightenment* (New York: Continuum, 1982); Foucault, Michel, *The Order of Things: An Archaeology of the Human Sciences* (New York: Vintage Books, 1994 [1970]).
5. Ferdinand de Saussure, *Course in General Linguistics* (New York: Columbia University Press, 2011).
6. Jacques Derrida, *Of Grammatology* (Baltimore: Johns Hopkins University Press, 2016).

7. Michel Foucault, *Madness and Civilization: A History of Insanity in the Age of Reason* (New York: Vintage Books, 2013); *Discipline and Punish: The Birth of the Prison* (New York: Vintage Books, 1995); *The History of Sexuality: An Introduction* (New York: Vintage Books, 2012).
8. Edward Said, *Orientalism* (New York: Random House, 1978).
9. Kimberle Crenshaw, "Mapping the Margins: Intersectionality, Identity Politics, and Violence against Women of Color," *Stanford Law Review* 43 (1991): 1241–99.
10. Joseph Heinrich, *The WEIRDest People in the World: How the West Became Psychologically Peculiar and Particularly Prosperous* (New York: Farrar, Straus and Giroux, 2020).
11. Luce Irigaray, "Le sujet de la science est-il sexue? (Is the subject of science sexed?)," *Hypatia* 2 (1987): 65–87.
12. See Michel Foucault, "Right of Death and Power Over Life," in *The Foucault Reader* (New York: Pantheon Books, 1984).
13. Daniel T. Rodgers, *Age of Fracture* (Cambridge, MA: Belknap/Harvard University

Press, 2011), pp. 102–107.

14. See Bricmont and Sokal (1999) for numerous example.

15. Ibrahim X. Kendi, *How To Be An Antiracist* (London: One World, 2019); Robin DiAngelo, *White Fragility: Why It's So Hard for White People to Talk About Racism* (Boston, MA: Beacon Press, 2020).

16. Ross Douthat, "How Michel Foucault Lost the Left and Won the Right," *New York Times* (May 25, 2021).

17. See Geoff Shullenberger, "Theorycells in Trumpworld," Outsider Theory (January 5, 2021).

第七章

科技、隱私、言論自由

Liberalism and Its Discontents

古典自由主義的根本原則之一，與保護言論自由有關。這一保護寫進美國權利法案（American Bill of Rights，美國憲法前十條修正案的統稱）的第一修正案裡，已明載於世界人權宣言（Universal Declaration of Human Rights）和許多自由主義民主國家的基本法裡。言論既具有讓人得以用其他物種所做不到的複雜方式溝通的實用價值，也具有作為思想與抉擇之最重要場域的固有道德價值。打造制度使不為時間所限的大規模協調和合作得以有機會實現，而言論係打造制度所不可或缺。言論自由間接意指思想自由，係自由主義體制所想要保護的其他種種自由的基礎。

右派和左派都質疑言論自由之舉，係對自由主義之更大批評的一部分。技術變革為社會提供了新且未經檢驗的溝通管道，從而也嚴厲挑戰了言論自由。

在自由主義社會裡，有兩個支撐言論自由的規範性原則。第一個與避免言論支配權遭把持的需要有關。第二個不如第一個顯而易見，但同樣不可或缺，即政府和公民都需要尊重社會每個成員的隱私區域。這個區域可以如在歐洲那樣從基本法定權利的角度予以確立其範圍，但把它視為規範，而非可順理成章接受的權利，較為恰當，因為它會影響公民間的私人互動，而且可被視為寬容這一美德的延伸。這兩個原則都已受到我們今日溝通方式上的技術變革威脅，也受到政治兩極化之類的其他政治情勢威脅。

如今，言論支配權遭以數種方式把持。第一種歷史悠久，指的是威權政府或高舉民主大旗的偽民主國家，試圖想要壟斷、控制言論。古典自由主義極不信任這種公權力，甚至，言論通常是任何威權統治體制頭一個要下手的目標。當今中國共產黨對傳統媒體和網路的管控越來越緊；俄羅斯的普丁把各大媒體都納入其掌控或其密友掌控。網路有利於當權者透過日常生活裡已無所不在的追蹤功能和感應器，做到規模超乎想像的監控。中國的社會信用制把監視和大規模資料採集、人工智慧合在一塊，使政府得以時時掌握其公民的大大小小思想和行為。

第二個威脅不是來自政府，而是來自私人對傳統媒體和通信的控制，由義大利前總理西爾維奧·貝魯斯柯尼（Silvio Berlusconi, 1936-2023）頭一個發出。貝魯斯柯尼擁有龐大的媒體帝國，藉此成為有錢的寡頭統治集團成員。這個媒體帝國叫 Mediaset，跨足報紙、出版、廣播。掌控媒體使他得以靠一己之力成為家喻戶曉的名人，並利用此名氣於一九九〇年代初，義大利的戰後政治秩序正隨著社會黨和基督教民主黨的消亡而逐漸瓦解之際當上總理。貝魯斯柯尼一掌權就利用其剛入手的政治影響力保護其商業利益，並躲掉刑事罪責。

貝魯斯柯尼成功結合媒體和政治勢力之舉，之後被廣為仿效。普丁不是媒體大亨，但早早就認識到把私人媒體抓在自己手裡或交給他的密友掌控很重要。在這過程中，他躋身俄羅斯首富之列，甚至世界首富之列。匈牙利的維克托·奧爾班和土耳其的雷傑普·塔伊普·艾爾段，都利用個人對媒體的控制，鞏固自身政治勢力和家族財富。隨著網路於一九九〇年代後期崛起，傳統媒體作為投資標的不如過去那麼吸引人，許多媒體被本地的寡頭統治集團成員買下。在這些人眼中，與其說它們是帶有風險但令人心動的事業，不如說是進入政治圈的途徑。[1]寡頭統治集團控制傳統媒體最嚴重的國家是烏克蘭，該國所有主要的廣播、電視頻道幾乎全遭七名寡頭統治集團成員之一掌控。

說來矛盾，言論自由的第三大威脅，就來自因網路興起而大增的言論。一九九〇年代網路以公共溝通管道之姿興起時，許多人認為它會大大催化民主。資訊是權力的來源之一，越是能掌握資訊，權力支配的範圍就會越廣。網路會讓每個人都有機會自行發表想法，不受傳統媒體的守門員——出版商、主編、媒體公司、政府——阻攔。網路也使人得以鼓動民心，為烏克蘭、喬治亞、伊朗境內反貪腐政權或反威權統治政權的起事，以及阿拉伯之春期間的起事，大開了方便之門。網路使受到不當對待或迫害的孤立無援個人得以打破地理條件限制呼朋引伴，一起討公道。

但誠如馬丁·古里（Martin Gurri）所說的，這個把數位媒體和傳統媒體合在一塊的新資訊世界，開始提供讓每個人應接不暇的資訊，比先前所能吸收到的資訊還要多，而且多到令他們來不及消化。隨著時日推移，大家漸漸看出其中許多資訊內容貧乏、虛假，或有時被刻意當成武器以遂行特定的政治目的。有些得到賦權的個人，例如埃及的瓦伊爾・戈尼姆（Wael Ghonim），能為拉下阿拉伯獨裁政權助一臂之力，還有些人則單憑一己之力就能散播關於疫苗或作票的不實訊息。這一資訊爆炸所產生的累加式效應，會削弱政府、政黨、媒體企業等既有組織的權威；此前，資訊一直透過這些組織來傳播。[2]

上面談到遭把持之言論支配權的幾個來源，而被奉為圭臬的美國憲法第一修正案理論，只著眼於限制其中第一個來源：政府。該理論認為，在沒有官方控制下，會有眾聲喧嘩的現象，久而久之，好的資訊會在民主審議過程中逐走壞的資訊。歐洲的言論自由觀有類似的看法作基礎，例如哈伯瑪斯（Jürgen Habermas）在民主主義理論裡把「公領域」看成最重要。一如任何產品市場，觀念並陳的市場，如果品項繁多、去中心化且具競爭性，運行最佳。

這個權威性理論有幾個問題。首先，民主辯論裡的諸多看法，其實並非個個與他者地位相等。科學方法的「知識憲法」（constitution of knowledge）係去中心化、沒有預設答案，而且不靠任何權威來源來證實其探究結果。但在此體制裡，知識的積累建立在以經驗為依據的觀察上，而這樣的觀察又靠用來確立因果關係的理性方法論支持。此體制運行的順利，有賴於大體上恪守經驗主義法則。有人以趣事口吻談到親戚接受某醫療後的效果，有科學專題報告講述了某大規模隨機試驗的結果，兩者受肯定的程度應該不會一樣。有部落客抱著黨派立場斷言某政治人極腐敗，也有深挖細究的記者花了六個月仔細調查該政治人物財務紀錄，兩者在人們心目中的分量，應該也不會一樣。但網路使這些並陳的看法變得似乎同樣可信。

資訊本就有高低優劣之分一說，係近代法學體系的重要且顯著的特點之一。要判定被控犯了刑事罪者有罪，罪行「毫無合理疑點」（美國法律用語），法院總是會盡量降低傳聞性證詞的影響；例如，網路上言之鑿鑿的說法，不足以讓法院視為容許呈堂的證據。正統新聞業看訊息也有高低優劣之分，要求證實訊息來源並完全揭露信息來源的身分。

如今，這成了嚴重問題，因為大型網路平台所據以運作的商業模式，把訊息傳播的又快又廣和聳動人心，看得比對訊息作任何縝密的核查來得重要。膻不實的消息在這些數位平台上傳播之快之廣，有時非任何傳統媒體的報導所能企及。網路經濟（network economy）——亦即網路越大，對其使用者來說就越有價值——使分配或打壓訊息的權力集中於寥寥兩或三個超大網路平台手裡。當今的網路未打散權力，反倒使權力被集中把持。

根據作為自由主義啟蒙運動之基礎的標準人類認知模式，人是理性的：人觀察外在於人自身、以經驗為依據的實在，針對那些觀察結果推出因果關係，然後得以根據自己所得出的理論對應世界。喬納森・海特（Jonathan Haidt）等社會心理學家表示，實際上許多人採行大不相同的另一種認知模式。[3]他們一開始並未對任何以經驗為依據的實在作不偏不倚的觀察，而是對他們所偏愛的實在有強烈的偏好，利用其可觀的認識技能，去挑選以經驗為依據的資料並在人稱「動機性推理」（motivated reasoning）的過程裡擬出支持該實在的理論。

網路平台大肆運用動機性推理，擁有多不勝數關於其用戶之偏好的資料，從而使其得以非常精準鎖定內容，以盡可能擴大用戶與其的互動。沒有人逼用戶表現出如此的行為；在他們看來那是自願的選擇，但其實暗地裡受到平台老練的操縱所致。網路平台未促成讓新且多樣的資訊受到核查、消化、審議的社交過程，反倒往往強化既有的信念和偏好。它們這麼做並非出於什麼直接的政治動機，而是為了增加自己的營收，在這過程中削弱了民主審議應有的功能。

在自由主義社會裡言論所應遵守的第二個原則，係政府和公民都要尊重與社會每個成員密切相關的隱私區域一事。在歐洲，隱私已納入許多國家的基本法裡，就整個歐盟來說，則被視為基本權利。不只政府和大企業該尊重隱私，個人在其對待他人時也應如此。

保護隱私區域一事為何攸關自由主義運行的順利與否，有數個原因。第一個原因直接來自於自由主義本質本身。如果把自由主義看成管理多樣性的工具，在何謂美好生活上就不會有共識。這不表示個人需要放棄其道德義務，但只意味著在私生活上要履行這些義務，並且不可逼他人接受這些義務。自由主義共和國的公民需要具有寬容之心，亦即要尊重多樣性並且絕不能有要求他人奉行自己所信持之觀念的念頭。該受到看重的，應是人的公共形象——他們對待他人的方式——而非他們最內在信念的本質。

尊重他人隱私之舉，可能讓人覺得是無可爭議的要求，但那是常常與其他原則相牴觸的要求，例如個人行為應該透明、人應為自己行為負責之說。晚近，有人力促全面提高透明和可問責程度。這一要求最初針對議會、行政機關之類的公共機構，但也已擴及到從天主教會到童軍團到企業、非政府組織等種種民間組織的管理上。不透明就不可能問責：腐敗官員、濫權領導人、兒童色情影片製作者、販賣人口供賣淫者，都可能藏身在保密的護身符之後。事實上，許多人認為透明絕對是好事，較透明總是好過較不透明。

隱私和透明在某些情況下能相輔相成，但彼此相衝突的情況同樣常見，而且沒有哪個自由主義社會能徹底透明或不注重隱私。在徹底透明的世界裡，不可能有審議和協商。買屋人個個都不想讓賣屋者知道他們與房地產經紀人就最後所出價錢交談的內容；就聘僱或升遷之事辯論時，如果自己直率的看法會被包括聘僱人選或升遷人選在內的每個人知道，就不會有人在辯論時說真心話。在私人會議上搬出所謂的「查塔姆研究所」（Chatham House）規則，正是為了鼓勵與會者暢所欲言。在美國，有些法律，例如《聯邦諮詢委員會法》（Federal Advisory Commission Act）、《陽光政府法》（Government in the Sunshine Act），通過於水門醜聞後的一九七〇年代。已有許多人把行政、立法部門審議功能的消失，歸咎於這些強制性的透明規定和電視每天且整天播放國會答詢情況一事。[4]

傳統媒體，加上網路崛起，已嚴重侵犯每個人的隱私區域。先前會以當面交談或打電話方式表達的私人看法，如今透過電子平台傳達，從而在電子平台上留下永久紀錄。在中國，能取用這些資料者是政府，政府可利用這些資料控制其人民的行為。在民主國家，能取用這些資料者是大型網路平台，而臉書之類公司使用其對用戶最深層想法和偏好的瞭解，向用戶行銷東西。

但問題並非始於、也非止於大型平台。許多用戶透過電子郵件表達在他們看來屬於私人的看法，或在社交媒體上向小群體表達這些看法。但任何收到此信息的人都可將它轉傳給世上其他人，晚近，許多人只因為在他們自認屬私人的場合老實表達看法而惹上麻煩。此外，沒有旨在限制網路的法規；在網路上發表的任何言論都成為從此撇不掉的永久性公共紀錄的一部分。

唐納德·麥克尼爾（Donald McNeil）的案例，充分說明了上述趨勢。他是《紐約時報》資深記者，有次陪一群高中生赴秘魯作學習之旅，結果被控使用帶種族歧視性質的稱呼——並非他本人掛名說出，而是據引述者的說法他這麼說——以及說出讓某些學生認為帶種族歧視意味的言論。此事在社交媒體上炸開，導致該報職員群情激憤，要麥克尼爾道歉，最終迫使他離職。[5]

言論自由包含民間組織懲戒、控制其成員打著組織名號行事時說啥做啥的權利。就麥克尼爾來說，肯定有一些話是不該說的，若說了，會導致報社必須透過內部程序予以懲戒。在這件事情上，問題在於據以判定何謂種族歧視行為的新標準。《紐約時報》主編迪恩・巴奎特（Dean Baquet）說：「在我看來，他的意圖並非出於仇恨或惡意。」但當今的反種族歧視的激進人士致力於把種族主義和意圖脫鉤。過去，只要不做出具種族歧視意味的行為就夠，但如今，光這樣還不夠；個人內心的想法被說成隱含種族歧視念頭，需要予以糾正，以符合主流正統觀。社交媒體的存在使《紐約時報》無法透過自身內部程序悄悄處理此問題，反倒使此事引發軒然大波，成為全國辯論的話題。麥克尼爾一案顯示隱私已因為數股更大趨勢的合流而受到侵蝕：第一，認定各種私人行為也應符合透明要求；第二，身分政治將語言和權力掛鉤，導致人們對語言極為敏感；第三，科技能把私下的話語轉變成公開的發言。

在美國，隱私於個人健康資訊之類的少數領域受到保護，但沒有像歐洲的一般資料保護條例（General Data Protection Regulation）那樣，旨在保護其他種隱私的全國性法律。[6]但誠如麥克尼爾的例子所表明的，明文化的隱私規定會非常難以施行，而且必然涉及官方周密干預私人通信，從而很可能帶來反效果。隱私保護能倚賴明確的法律來達成，但透過社會規範，讓本國人可以抱持不討人喜歡或引發爭議的看法，效果終究較佳。

另一方面，隱私保護需要關於公共言論方面大不相同的規範才能遂行。公民交談時需要符合禮貌的要求。如今美國許多政治言論，並非意在使人感興趣於其他言之成理的看法；反倒往往意在刻意挑釁反對者或找具有類似想法者取暖。

因此，言論自由同時受到兩個挑戰，一個是使某些行為者得以大大掌控言論的權力集中把持現象，一個是自由主義社會所欲保護之隱私區域逐漸受侵蝕一事。言論自由的審議功能受到削弱，不只因為過度要求透明，還因為幾種幻想世界的興起，這些幻想世界因為我們的社交互動轉為線上交談而有機會問世。

在二〇二一年的美國，有不少美國右派人士生活在幻想世界裡，認為川普以懸殊比數打贏二〇二〇年十一月總統大選，但被民主黨人以大規模詐欺行為搶走此戰果。這給真實世界帶來衝擊，例如二〇二一年一月六日挺川普的群眾強行闖入國會大廈之事。這也導致喬治亞、德克薩斯、佛羅里達、亞利桑那等州的共和黨籍政治人物，為了糾正一個根本不存在的問題，在議會裡通過旨在限制投票方式和日後如果共和黨籍候選人落敗、讓他們有權利推翻投票結果的法律。在美國為因應新冠肺炎疫情而展開疫苗接種後，許多保守人士抨擊疫苗接種是帶有政治意圖的政府陰謀。更有人數較少但仍然可觀的一群人認同更離譜的陰謀論，例如匿名者Q（QAnon）的說法，認為民主黨是國際戀童癖集團的一員。[7]

這類說法的傳開，與網路興起有直接關連。右派多疑的心態始終存在於美國政界，從一九二〇年代的「紅色恐慌」（Red Scare）風潮到一九四〇年代約瑟夫・麥卡錫（Joseph McCarthy, 1908-1957）挑起的反共運動皆屬之，但這類陰謀論一般來講被貶到政治光譜邊緣，成不了氣候。[8]網路興起之前，資訊被為數不多的一些廣電頻道和報社控制，選輸的政治人物很難在欠缺確鑿證據下聲稱選舉舞弊。但網路為不實資訊的傳播提供了多不勝數的管道。

正常情況下，如果個人所偏好的實在大大偏離現實，人會作出決定性的判斷：得不到這份工作，或無法抵達想去的地方，或無法免於疾病上身。但在這方面，現代資訊科技也透過其他許多作為打亂人對外界的認識。我們越來越不靠觸摸、走路或與他人交談與外界直接互動。如今，這些活動更常透過螢幕來遂行，螢幕把那個外在實在的化身呈現在我們面前。我們的社交圈已大為擴大，不像一或兩個世代前侷限於關係密切的家人、朋友。電腦所產生的仿真實在，其逼真程度已到了不可思議的程度，已使人分不清何者是真實存在，何者是擬像（simulacrum）。在線上遊戲世界或在幻想作家筆下的好萊塢超級英雄的世界裡，最是如此。而如今年輕人把許多時間、越來越多時間耗在這樣的世界裡。在電玩世界裡，人可以甩開自己所不喜、生下來就具有的身體或身分，不必為自己的行為負什麼責任，因為始終可以匿名。由於怕死，人通常不會去做橫衝直撞開車或向他人施暴之類帶有風險的事，但在線上世界裡，沒有怕死之事。這就構成今日美國情勢的科技性背景，在美國，分屬兩政治陣營的人在意識形態和政策偏好上意見並無分歧，但眼中所見到的實在彼此不同。

進步左派有自己版本的線上幻境。比起右派的版本，這個版本溫和許多，較不重要，而且未威脅到自由主義民主政體的根基。但從左派實現其計畫的能力來看，此版本的確產生影響。

誠如先前已提過的，與身分政治有關的批判理論傳統特別看重言詞和語言，視之為根本權力結構的標記。這往往演變為誤把言詞視為真正的權力。在大學和美術界之類場合，已大幅放寬對於構成對他人之傷害的言行的界定。在某些情況下，光是表達某些被禁的字眼就被視為形同施暴，因此禁止使用這些字眼被視為攸關人身安全，因而正當合理。

網路給了人們抒發自己對社會正義之看法的管道，同時又讓他們不必以實際行動促成社會正義。要在自由主義民主社會裡實現社會正義並非易事；首先得動員民眾，而這需要提升人們對種族、性別、失能或其他受歧視情況之類問題之不公不義的意識。線上行動主義特別勝任這樣的動員。但接著需要從動員轉為行動：得有人擬訂旨在糾正現況的政策和法律；得派人出馬角逐議員席位、拿下席位、形成足以支配大局的多數地位；得說服議員將資源用於解決問題；得透過爭訟辯明政策，然後大舉施行該政策。上述許多階段需要把最初對所討論的社會正義問題有不同看法的本國人拉到自己陣營，從而可能需要調整目標，以配合政治現實。

網路已使人們可能把嘴巴上講的誤認為已影響現實世界之結果的作為。激進人士阻撓人們眼中具種族歧視立場的人發言，據此以為自己已真的重重打擊了種族主義。他們之所為，其實只是讓對方改到別處發言，並使自己成為右派名正言順的批評標的。社交媒體企業巧妙打造出讓人以為如果自己的發言得到大量按「讚」或轉發，就是在做大事的激勵制度，但其實這類舉措只在封閉的社交媒體環境裡有其意義。這不是說社交媒體無法在真實世界裡促成除弊改進的作用。但大部分人滿意於他們透過線上互動所得到的現實世界的擬像。

攻擊近代自然科學和啟蒙運動認識法一事，由左派發起，因為批判理論揭露了提倡它們之菁英所不為人知的盤算。批判理論往往認為不可能存在真正的客觀，轉而看重主觀感受和情緒，視之為真實性的來源。如今，高舉懷疑主義大旗者已改為民粹主義右派，他們認為菁英使用這些符合科學法則的認識法時，不是把它們當成用來將少數群體邊緣化的手法，而是視之為用來迫害先前居主流者的手段。進步人士和白人民族主義者沆瀣一氣，看重直白坦誠的感受和情緒甚於以經驗為依據的冷靜分析。[9]

要解決網路和數位通訊所帶來的另類實在（alternative realities）的問題，長遠之計不是拋棄言論自由原則，強行要不中聽的言論噤聲，不管此舉出自政府、企業或線上數位暴民皆然。即使有人同意短期內做出此強行噤聲之舉，或為了防止立即挑起暴力活動而同意這麼做，都應該清楚這種強行壓制之舉很危險，而且一段時間之後必然會有與該人意見不合的其他行為者祭出同樣作為。我們得恢復自由主義的規範性框架，包括其對理性、認識能力的看法。批判性規範之一，係勿信任始終未以單一的權威性聲音發言的「科學」，而是要信任不預設答案且依賴經驗主義式證實、證偽的科學方法。言論自由還依賴禮貌、尊敬他人隱私這兩個規範。人的主觀意識之外存在客觀世界一說依舊顛撲不破，而如果有個另類實在偏離該客觀世界太遠，不管我們多希望那個另類實在為真，都不可能在現實世界實現目標一說亦然。我們可能吞錯藥丸，但最終我們會從夢中醒來。

注釋

1. In the Czech Republic, billionaire prime minister Andrej Babis became the owner of the country's largest publishing house and other media properties. In Romania, the leading TV news station was owned by billionaire Dan Voiculescu, while Slovakia's main independent newspaper was sold to an investment group that had been the target of its investigations. See Rick Lyman, "Oligarchs of Eastern Europe Scoop Up Stakes in Media Companies," *New York Times* (November 26, 2014).
2. Martin Gurri, *The Revolt of the Public and the Crisis of Authority in the New Millennium* (San Francisco, CA: Stripe Press, 2018).
3. Jonathan Haidt, *The Righteous Mind: Why Good People Are Divided by Politics and Religion* (New York: Pantheon, 2012); Packer and Van Bavel (2021).
4. Reeve T. Bull, "Rationalizing Transparency Laws," *Yale Journal on Regulation Notice & Comment* (September 30, 2021); Lawrence Lessig, "Against Transparency: The Perils of Openness in Government," *The New Republic* (October

19, 2009); Albert Breton, *The Economics of Transparency in Politics* (Aldershot, UK: Ashgate, 2007).

5. See the account by Joe Pompeo, "'It's Chaos': Behind the Scenes of Donald McNeil's *New York Times* Exit," *Vanity Fair* (February 10, 2021).

6. The US Supreme Court found a "right to privacy" embedded in the US Constitution in Roe v. Wade, but used this primarily to legalize abortion and not to protect the general privacy of information or communications.

7. Adrienne LaFrance, "The Prophecies of Q," *The Atlantic* (June 2020).

8. See Richard Hofstadter, *The Paranoid Style in American Politics* (New York: Vintage, 2008).

9. In his book *The Order of Things*, Michel Foucault describes the cognitive approaches that prevailed through the sixteenth century, prior to the rise of Bacon's modern natural science. People believed that similarity, propinquity, repetition, and analogy revealed relationships between the visible world and a hidden order that was its mirror, a world that was structured by a higher power. Observers looked for

signatures embedded in observed reality that provided clues to the hidden world. To understand that world, one had to know how to read scattered signs, rather than making mental models of observed reality. In many ways, people in the internet age have retreated to this pre-scientific mode of cognition: QAnon conspiracy theorists look to scattered clues that point them in the direction of a massively different reality from the apparent one, a reality that has been manipulated by hostile elites and untrustworthy institutions. Or they look within themselves to undercover their feelings, and not to the external world that may disappoint their hopes and expectations. Foucault (1970), chapter 2.

第八章

有別的選擇嗎？

Liberalism and Its Discontents

對於自由主義社會，有許多言之有理的批評：這些社會是自我放縱的鼓勵消費型社會；未提供強烈的共同體意識或共同目標意識；太放任或容忍不見容於他人的個人行為，不尊重行之有年的宗教價值觀；太多樣化；不夠多樣；對於實現真正的社會正義一事太不用心；容忍太多不平等的現象；被操縱成性的菁英支配，未回應廣大老百姓的心聲。但不管是上述哪個批評，我們都需要問這麼一個問題：要拿什麼更好的原則和政體來取代自由主義？這一質問有兩個截然不同的用意：從規範的角度看，有別種原則可取代自由主義的指導原則，取代自由主義的普世性、人人平等前提、對法律的依賴？其次，就現實政治來說，有什麼方法可打造出切合實際的另一種政治秩序？

首先，不妨較具體的描述政治右派所抒發的不滿。這些不滿鎖定自由主義的根本理念，而且在自由主義存在的數百年裡一再有人表達這些不滿。古典自由主義刻意拉低政治的眼界，不追求特定宗教、道德學說或文化傳統所界定的那種美好生活，而是希望在眾人無法就何謂美好生活意見一致的情況下保住生命本身。這使自由主義體制陷入精神空虛：允許個人我行我素，創造出再薄弱不過的共同體意識。自由主義政治體制的確需要共同信持的價值觀，例如對妥協和審議持容忍、不存先入之見的心態，但這些價值觀不是使緊密結合的宗教群體或族群－民族主義群體不致崩解的有力黏合劑。自由主義社會往往助長漫無目的追求物欲方面的自我滿足，催生出既很想得到地位但始終不滿意於任何個人所能取得之成就的消費掛帥社會。

索赫拉卜·艾哈邁里（Sohrab Ahmari）、阿德里安·維默勒（Adrian Vermeule）之類保守知識分子痛斥這一精神空虛狀態，認為深深根植於宗教的道德行為標準遭到破毀與自由主義脫離不了關係。他們攻擊的矛頭正是指向第六章所指出的那個日益擴大的個人自主領域。據艾哈邁里的說法，「我們所必須對付的那個運動，也把自主權看得最重；事實上，其最終目標係為個人意志無視傳統權威自行界定何為真善美一事，掙得最寬廣的施展空間。」[1] 阿德里安·維默勒提出不執著於自主權的另一種體制：「如今，我們有可能去想像一個規定權利和義務的道德性立憲政體，此政體……也不受左派自由主義者奉為最高圭臬的神聖說法所縛，也就是不受不斷擴張的個人主義自主權所縛。」[2]宗教規則在管理家庭生活和性行為上特別重要。基督教保守人士長年以來痛斥墮胎的盛行，視為之為對生命之神聖地位的侵犯，也痛斥安樂死之類與之相關的作法。晚近自由主義社會迅速接納同性戀和性別流動（gender fluidity）一事，加劇此不滿。從更廣的角度來看，許多宗教保守人士認為自由主義提倡道德標準的全面鬆綁，個人崇拜自己，而非任何超然的神或道德原則。這一觀點與美國境內的保守基督徒離不開關係，但也是保守猶太人、穆斯林、印度教徒和其他宗教信徒的特性。

民族主義者有個和宗教保守人士類似的抱怨：自由主義除掉使國家共同體不致崩解的東西，代之以對遙遠國度之人和本國同胞並無二致關心的四海一家心態。十九世紀民族主義者以生物學作為國家認同的基本，深信國家共同體源於系出同源的血脈關係。對維克托．奧爾班之類當今某些民族主義者來說，這依舊是貫穿其理念的重要思想，奧爾班把匈牙利國家認同建立在同屬匈牙利民族一點上。當今其他民族主義者，例如尤拉姆・哈佐尼（Yoram Hazony）則致力於甩開二十世紀族群－民族主義，主張國家係使其成員得以在飲食、假日、語言等方面共有濃厚傳統、內部運作協調一致的文化單位。[3]派翠克・德尼恩（Patrick Deneen）主張自由主義構成某種反文化，這一反文化消解了各種自由主義時代之前的文化，利用自由主義國家的官方力量，把自己塞進並控制私生活的方方面面。值得注意的，他和其他保守人士已和經濟領域的新自由主義人士決裂，直言市場資本主義是破壞家庭、共同體、傳統三者之價值觀的凶手。[4]於是，根據意識形態界定左右派的二十世紀分類並不完全符合當今的現實，對於動用國家公權力來管理社交生活和經濟一事，右派團體願意開綠燈。

宗教保守派和民族主義保守派之間當然有不少交集。宗教傳統係當今民族主義者所想要保住的傳統之一；因此，波蘭的法律與正義黨（Law and Justice Party）的立場和波蘭天主教會亦步亦趨，針對自由主義歐洲支持墮胎和同性婚姻一事，已採納該教會從文化角度發出的許多不滿看法。同樣的，宗教保守人士往往自視為愛國者；就作為川普「使美國再度偉大」運動之核心的美國福音派人士來說，的確就是如此。

就美國右派的某些人士來說，不只對屬於錯誤種族、錯誤族群、錯誤宗教的本國同胞不願容忍多樣性，而且對占人口多數的各色群體亦然。據克萊蒙特研究所（Claremont Institute）的格倫·埃爾默斯（Glenn Ellmers）的說法：

> 我所指的其實是許多在本地出生的人——其中某些人的家族自五月花號來美以來世居此地，嚴格來講他們或許是美國公民，但已不再是美國人（如果他們曾是的話）。他們不相信直到不久之前還確立美國作為與眾不同之國家和民族的原則、傳統、理想，或未奉它們為生活準則，乃至不喜歡它們。該怎麼稱呼這些格格不入的國人，這些不符美國人特性的美國人，我不曉得；但總歸一句，他們不是美國人。[5]

對他而言，要判定一人是否是「道地」美國人，就看那人是否在二〇二〇年時把票投給川普。因此，把票投給拜登的八千多萬人就是「非美國人」。

保守派對自由主義的另一個批判，與自由主義政策之實質的關係，不如其與那些政策所據以形成的程序的關係來得大。自由主義源於法律，保護法官和法院的自主權。理論上法官解釋民選議員所通過的法律，但有時也略過這些法律，提倡據說反映其自身偏好而非選民之偏好的政策。克里斯多福·考德威爾（Christopher Caldwell）主張，一九六〇年代的民權革命大抵係法官所促成，而且經法院進一步闡述，擴及涵蓋其他受歧視的領域，例如女權和同性婚姻。在他看來，這已促成和一七八九年建國先賢所原構想者有別的另一種憲法體制，亦即由非民選的法官，而非由民主多數，來作出重大決定的體制。

與此類似的另一個保守派不滿，係不滿於和性別角色、性傾向之類敏感社會主題有關的規則由不必接受問責的行政機關頒行一事，而且行政機關往往是在同樣不必受到問責的法官指示下行事。在美國，許多公共政策由官方和地方教育董事會制訂，地方教育董事會能透過官員命令，而非透過議會授權，制訂課程。有時，這些規則透過公投提交人民選擇時，未能過關（例如加州禁止同性結婚的第八提案）；但公投結果還是會因為後來法院的裁定受到漠視。

司法能動主義（judicial activism）在歐洲所引發的爭議不如在美國大，但仍有右派人士高聲抱怨法院推翻人民選擇的權力。例如，歐洲人權法院（European Court of Human Rights）和歐洲法院（European Court of Justice）針對難民的身分地位發布了具約束力的決定，限制歐盟成員國自行處理此敏感問題的能力。二〇一四年敘利亞難民危機後，這助長了對歐洲機構具民粹主義性質的民怨，係促成英國二〇一六年投票通過脫離歐盟的因素之一。歐洲右派對歐盟行政機關更為不滿，後者在經濟政策領域的權力比美國行政機關大得多，受其他形式直接民主問責的程度很低。

保守派對自由主義實質層面的批判——自由主義社會未提供可據以建立共同體的強有力共同道德願景——確實如此。這是自由主義的特點而非其缺陷。

對保守派來說，問題在於有沒有切合實際的辦法，可打退當今自由主義社會的世俗主義，讓較堅實的道德體制重新上位。

有些保守人士或許會希望其社會重拾存在於想像裡的那個基督教道德體制。但當今社會的宗教多元程度遠甚於十六世紀歐洲宗教戰爭時。如今不只有彼此競爭的宗教和教派，而且宗教界和俗界間有嚴重對立，在波蘭、以色列、美國這些現象已使社會陷入水火不容的兩極分化。過去十年宣告信仰某個老派宗教的美國年輕人大幅減少，美國正追隨歐洲的腳步走向世俗主義。有人想要使時光倒轉，恢復由宗教信仰界定的那種共有的道德願景，但這根本不切實際。印度總理莫迪之類希望促成這種恢復的人，正在招來他擔任古吉拉特邦首席部長時在他眼皮底下發生的那種壓迫和宗教族群暴力。

如果靠勸說無法實現此一恢復，有些保守派知識分子考慮過訴諸威權統治氣息鮮明的政體。例如，哈佛大學法學教授阿德里安・維默勒贊成他所謂的「公益立憲政體」（common good constitutionalism）：

這一作法應該一開始就採用有助於公益的重要道德原則，即官員（包括但絕不只限於法官）應在成文憲法崇高的籠統表述、模稜兩可表述中解讀出的原則。這些原則包括尊重規則、統治者的權威；尊重社會運作所需的等級體制……

他接著主張，公益立憲政體的「主要目的，的確不是要盡可能擴大個人自主權或盡可能減少濫權之事（總之這是個說不通的目標），反倒是要務使統治者具有好好統治所需的權力。」[6]有些保守派作家表示，匈牙利的維克托·奧爾班或葡萄牙的最後一位獨裁者安東尼奧·薩拉札爾（Antonio Salazar, 1889-1970）或許可作為未來美國領袖的榜樣。[7]極右派則考慮過用暴力制止自由主義。美國始終槍枝氾濫，而二〇二〇年新冠肺炎流行時，買槍人暴增。擁槍的理由，從運動、狩獵所需，越來越偏向抵抗專橫政府所需，而對這群人來說，專橫政府包括民主黨所主掌的任何政府。

未來美國為了選舉爭議而出現非常可怕情景，或許不無可能，但目前看來，在美國搞武裝叛亂似乎仍極不可能如願。美國人接受維默勒所建議的那種威權統治作風鮮明的政體，也似乎不大可能。派翠克・德尼恩、羅德・德雷爾（Rod Dreher）之類的保守派作家，認識到這一現實情況，建議走回頭路，重拾小共同體、乃至出世修行的生活方式，志同道合的信徒在這樣的生活方式裡，可專心實踐自己的信仰，不受自由主義社裡的更大潮流侵犯。[8] 當今美國的自由主義，完全無意阻止他們這麼做；與其說他們要在自由主義之外提出另一條可供選擇的路，不如說他們在利用自由主義對多樣性固有的開放心態來壯大自己。

保守派從程序角度對於不受問責的法院和行政機關推動不得人心的文化計畫一事所發出的不滿，反映了民主抉擇方面的一個真正問題。但這一不滿同樣觸及自由主義一個有重要歷史淵源的特點。任何自由主義民主國家都未把不受約束的權力授予民主多數，因為自由主義的創立者知道人可能作出不當的抉擇。美國建國先賢特別清楚這點，把不少時間花在煩惱民主過頭上，設計了一套複雜的制衡體制來限制民眾的抉擇。克里斯多福．考德威爾主張，一九六〇年代的民權革命開創了讓法院可一再推翻人民抉擇的新憲政體制，但這是對此體制的本質和美國史的本質的嚴重誤解。

建國後美國人要解決的最重要問題是種族問題。在南北戰爭前的南方地區，絕大多數選民支持蓄奴，而當時擁有選舉權者只限白人男子。與林肯辯論時，史蒂芬．道格拉斯（Stephen Douglas, 1813-1861）提出理由說明他為何支持民主抉擇至上：他說他不在意人民投票支持或反對蓄奴；重要的是要尊重民意。針對此論點，林肯回應道，有比民主更重要的原則可能不保，那就是獨立宣言所含的「人皆生而平等」這個前提。蓄奴違反此原則；不管民主多數是否支持蓄奴，蓄奴就是不對。

由於南方選民支持蓄奴，靠民主手段無法終止蓄奴，必須打一場慘烈的內戰才能辦到。民主也不足以終止法律上明訂的種族隔離措施和一百年後歧視黑人的法律。南方大多數白人選民支持繼續種族隔離，聽不進其他作法。民權時代大量動用法院和行政機關而非議會一事，我們必須擺在美國種族歧視史的大背景下去審視，選民本身並非總是選擇自由主義政治立場。

考德威爾是否在其所描述的這些弊病之外提出另一條可行之路，我們並不清楚。他針對自由主義如何推翻美國原始憲法一事所提出的論點，間接表明他想回到一九五四年「布朗訴地方教育局案」（Brown v. Board of Education）之前的時代，亦即民主多數可藉由投票限制某些類公民之基本權利的時代。更為切合實際的，係未來聯邦最高法院可針對侵犯議會特權之決定作出施以更大的限制一說，意即削弱法院發現並宣告新基本權利的意願。事後來看，如果墮胎和同性戀結婚由各州自行透過議會予以合法化，從規範和現實政治這兩個角度來看都會比較理想，因為隨著輿論改變，合法化會是水到渠成。但激進分子把聯邦最高法院看成避開此過程的方便法門，從而引發保守派強烈反彈，使控制法院一事再度成為美國政壇的重要爭議話題。但聯邦最高法院先前的裁定，這時已成為具約束力的判例，推翻它們很可能只會加劇目前兩極分化的現象。

進步左派對自由主義的批判同樣觸及實質和程序層面。實質層面的不滿，係以階級、種族、性別、性傾向等為基礎的巨大不平等已存在數十年一事。主流政治人物已開始容忍它們的存在，因為受過教育的專業人士能為自己掙得還不錯的生活，同時靠一道牆把自己和社會其他人隔開。一九八〇年代雷根－柴契爾革命後，許多左派政治人物，從比爾．柯林頓和東尼．布萊爾到巴拉克．歐巴馬（Barack Obama），轉到右派陣營，接受新自由主義關於為何需要市場解決（market solutions）、撙節、漸進主義（incrementalism）所提出的論點。驚察施暴非裔美國人之類問題遭掩蓋，就在不同種族群體的貧富差距依舊非常難解乃至加劇之時。氣候變遷之類新問題已在不同世代間創造出嚴重衝突，而且無法得到認真處理，因為有些地位極穩固或觀念極頑固的行為者，例如化石燃料公司和不相信氣候變遷之事的保守選民，影響力甚大。於是，自由主義漸進主義根本無法提出足以應付社會所面臨之挑戰程度的解決辦法。

接著，這些針對實質層面的批判引發對程序層面的不滿，而這些不滿是許多Z世代激進人士和他們屬於嬰兒潮世代的上一輩關係緊張的根源。自由主義民主政體建立在複雜的規則上，這些規則有賴於審議、妥協才得以順利施行，而且往往會阻礙較激進的變革。在美國之類兩極分化嚴重的國家，這意味著兩大黨席次相當的國會無法在年度預算等簡單的事情上意見一致，更別提談定新的全面性社會政策以處理種族不平等或貧窮之類問題。事實上，隨著時日推移，這些規則已變得更加綁手綁腳，例如碰上反對者刻意冗長發言來阻撓議事時，欲通過重大法案一方需要掌握無法取得的絕對多數才能如願。拜登政府為何把廢除這種阻撓議事的作法列為改革要務首項，原因在此。這些針對實質層面、程序層面的不滿使許多較年輕的進步派激進人士主張，失敗的不是哪個政策或領袖，而是被動了手腳而妨礙社會根本變革的體制本身。

進步左派若在自由主義之外另提出一條可供選擇的路，那會是什麼樣的路？許多美國保守人士相信自己已置身在其所不樂見的世界裡，他們的權利遭專橫的「極左派」政府踩在腳下。他們想像自己置身在這樣的世界裡：政府為了因應危害人體健康的緊急事態，強制人民戴口罩、打疫苗，接著會順理成章的用威權暴力挨家挨戶敲門，強行拿走居民的槍和聖經。根據派翠克・德尼恩之類作者的說法，今日進步人士的最高共識已掏空所有更被看重的文化傳統，言下之意，像他那樣的保守派已被噤聲，不再有發言權。

若要較切合現實的呈現進步人士眼中後自由主義時代社會的面貌，需要更加關注不易察覺的細微差異才行。與右派不同的，左派裡考慮採行公然威權統治政體者少之又少。反倒，極左派往往是無政府主義者，而非中央集權論者。在波特蘭、西雅圖之類左傾城市，激進人士致力於打造西雅圖國會山自治區（Capitol Hill Autonomous Zone）之類沒有警察的區域，力促不再撥發經費給全國各地的警察部門。事實表明這些政策是自取滅亡：這些自治區苦於犯罪、吸毒橫行，不撥經費給警察的主張，則已成為立場較中間之民主黨籍政治人物擺脫不掉的包袱。

進步人士所構想的後自由主義時代社會，比較可能出現的情況係既有的諸多趨勢大幅加劇。日常生活的各個領域都會開始考量到種族、性別、性傾向等各種身分，而且它們會成為聘僱、升遷、醫護權、教育等領域首要考量的事項。不問膚色任人唯才之類自由主義準則會成為次要考量，而公然以種族、性別為本的偏袒行為則會成為王道。在美國，鼓勵僱用少數族群和女性的措施，至目前為止一直受到「加州大學董事會訴巴基案」（Regents of the University of California v. Bakke）之類案件的聯邦最高法院裁決的限制，但這情況可能改變，身分類別可能明文寫入法律裡。後自由主義時代社會與外界連結的方式也會大變。這個社會可能會決定乾脆不再費心去管理邊界，並施行不設限的庇護制。受迫於氣候變遷之類全球性威脅，法律和政策對國際行為者之決定的尊重，可能遠甚於對國內法院、議會之決定的尊重。公民身分的價值，可能因為授予非公民者投票權而被進一步壓低，變成基本上毫無意義。

在經濟領域，進步人士的計畫是否必然會甩掉自由主義準則，並不清楚。

伯尼·桑德斯（Bernie Sanders）之類政治人物未要求廢除私有財產或重拾中央計畫經濟體制；反倒欲建立一個涵蓋範圍甚廣、已在其他自由主義社會試行且成就不一的社會民主體制。政府會開辦慷慨的社會福利事業，支付高等教育學費，為健保撥款，保障就業和最低收入，管制、甚至國有化金融體系，將資金大筆轉投於防止氣候改變。這一切所需的經費會由向富人徵收的同樣巨額新稅來支應，或按照當今的貨幣政策，透過經過時代考驗的印鈔機制來支應。

目前看來，進步人士的計畫不大可能全部成真。更大幅度經濟重分配看來頗受選民歡迎，但此計畫與文化有關的部分，因受到嚴重限制，難以打動人心。美國境內分立的兩陣營並非旗鼓相當。就右派來說，已有過半保守選民轉而採取過去所謂的非主流立場，把重點擺在選舉舞弊、注射疫苗的陰謀論上。相對的，中間偏左選民的多樣性依舊高出許多。二〇一〇年代中期以來已出現一個較極端的進步派，但在目前這個緊要關頭，它未在民主黨內代表主流民意。因此，晚近幾年美國政治的奧弗頓之窗（Overton window）已變得更寬，左右派都遠比以前更加公開表達明顯違反自由主義原則的主張。極左派和極右派都未在古典自由主義之外提出另一條切實可行之路，但兩者都能掏空自由主義理想，都能使那些想要保住那些理想的人受到唾棄。

用邱吉爾論民主的話說，若不考慮其他種種政體，自由主義是最糟糕的政體。這未有助於使古典自由主義得到令人振奮的認可；要得到這樣的認可，得另尋他處。

注釋

1. Sohrab Ahmari, "Against David French-ism," *First Things* (May 29, 2019).
2. Adrian Vermeule, "Beyond Originalism," *The Atlantic* (March 31, 2020).
3. Yoram Hazony, *The Virtue of Nationalism* (New York: Basic Books, 2018).
4. Patrick J. Deneen, *Why Liberalism Failed* (New Haven: Yale University Press, 2018), chapter 3.
5. Glenn Ellmers, "'Conservatism' Is No Longer Enough," *American Mind* (March 24, 2021).
6. Vermeule (2020). See also Laura K. Field, "What the Hell Happened to the Claremont Institute?", *The Bulwark* (July 13, 2021).
7. Yoram Hazony, *The Virtue of Nationalism* (New York: Basic Books, 2018).
8. Deneen (2018), chapter 3; Rod Dreher, *The Benedict Option: A Strategy for Christians in a Post-Christian World* (New York: Sentinel, 2017), chapter 1.

第九章

國家認同

Liberalism

and
Its Discontents

自由主義社會所產生的另一個不滿，係這類社會常無法提供國民正面的國家認同觀。自由主義理論極難為其自己的共同體劃定明確邊界、說明該邊界內外之人所應負的義務，因為這個理論建立在普世性上。誠如世界人權宣言所主張的，「所有人都既自由且在尊嚴、權利上平等」；還說，「人人都有資格享有此宣言所列出的所有權利和自由，不因種族、膚色、性別、語言、宗教、政治看法或其他看法、國籍或社會出身、財產、血統或其他身分地位等任何種差異而有別。」自由主義者理論上關注人權遭侵犯之事，不管發生在世上哪個地方皆然。許多自由主義者不喜歡民族主義者只關愛自己同胞，自認是「世界公民」。

那麼，要如何使普世性這個主張和民族國家分立的現實世界並行而不悖？關於國界要如何劃定，沒有明確的自由主義理論。這導致自由主義圈子內部為了魁北克、蘇格蘭、加泰隆尼亞之類地區的分離主義問題起衝突，為該如何對待移民和難民的問題而意見不合。

如果要建構這樣一個理論，那理論必會差不多如下：所有社會都需要使用暴力，既為維持內部秩序，也為防止外敵侵犯。就自由主義社會來說，則靠打造強有力的國家來做到這點，但同時要公權力受法治約束。公權力建立在諸多獨立個體所締結的社會契約上，這些人同意放棄其某些為所欲為的權利，以換取國家保護。公權力的正當性，既依靠法律上得到所有人接受來取得，而且，如果是自由主義民主國家，也靠普選來取得。

自由主義所揭櫫的權利，如果無法靠國家來執行，就毫無意義，照馬克斯・韋伯的著名定義，只有國家能對疆域明確之領土正當行使暴力。國家所管轄的領土必須和締結該社會契約的諸人所占據的區域相一致。住在該管轄範圍之外的人，其權利必須得到尊重，但未必由該國家執行。

因此，疆域明確的國家依舊是極重要的政治行為者，因為只有它們能正當使用暴力。在今日的全球化世界裡，行使權力的實體形形色色，從跨國企業到非營利群體到恐怖組織到歐盟或聯合國之類超國家組織。國際合作的需要，如今再顯著不過，從全球暖化到打擊大流行病到管理空中安全的種種問題，都離不開國際合作。但有種權力依舊被民族國家拿在手裡，那就是透過揚言使用暴力或真的使用暴力來貫徹規則的能力。不管是歐盟，還是國際航空運輸協會（IATA），都未動用自身警力或軍隊來貫徹其所制訂的規則。如果規則受到違犯，它們最終依舊倚賴賦權給它們的國家的強制力。如今，有許多國際法在許多領域取代了國家層級的法律，例如歐盟的「共同體既有法律」（acquis communautaire）。但國際法終究還是靠國家層級的執法來貫徹。歐盟成員國在重大政策問題上意見不合時，例如二〇一〇年歐元危機期間或二〇一四年移民危機期間，最終結果並非由歐洲法律決定，而是由諸成員國的國力高低決定。換句話說，最終依舊是民族國家說了算，也就是國家層級的權力控制依舊極重要。

因此，自由主義的普世性和需要國家一事未必相牴觸。人權或許是放諸四海而皆準的規範性價值觀，但執行力不是；執行力是必須用在疆域明確之領土上的稀有資源。自由主義國家授予公民和非公民不同層次的權利完全正當合理，因為沒有可據以保護全世界人權利的資源或令狀。一國領土上的所有人都應得到同等程度的法律保護，但只有公民是社會契約的正格締約人，擁有特殊的權利和義務，尤其擁有投票權。

由於國家依舊是強制力所在，我們對打造新的超國家機構、把強制力撥予它們的提議，就應審慎以對。在學習如何透過司法、立法機構來約束國家層級的權力上和如何平衡權力使權力的行使反映大眾利益上，我們已有數百年的經驗。我們不懂如何打造全球層級的這類機構，例如能約束全球性行政機構獨斷獨行的全球性法院或議會。歐盟是在地區層級最認真往這方向努力的組織；結果是出現一個在某些領域（財政政策、對外事務）過度軟弱、在其他領域（經濟管制）過度強勢的不合用體制。歐洲至少有共有的歷史和文化認同，而放眼全球，不存在全球共有的歷史和文化認同。[1]

國家很重要，不只因為它們是正當權力之所在和藉以控制暴力的工具。它們也是共同體意識的少有來源之一。自由主義的普世性在某個層級上與人類合群性的本質相牴觸。我們對與自己最親近的人，例如朋友和家人，感受到最強烈的親愛之情；隨著交友圈變廣，我們的義務意識不可避免變得較淡。隨著人類社會千百年來越來越大且日趨複雜，休戚與共的圈子從家庭、村落、部落擴大為整個國家。但愛全人類之人少之又少。對世上大部分人來說，國家依舊是他們出於本能發心效忠的最大休戚與共單位。事實上，這一忠於國家之心成為國家之正當性的極重要支柱，從而是國家治理能力的極重要支柱。如今，我們在世界各地看到國家認同薄弱的社會其下場的淒慘，從奈及利亞或緬甸之類掙扎求生的開發中國家，到敘利亞、利比亞或阿富汗之類失敗國家，皆然。[2]

這一論點或許讓人覺得類似尤拉姆·哈佐尼在其二〇一八年著作《民族主義的優點》（*The Virtue of Nationalism*）所發出的論點。他在該書中說明他為何支持以民族國家的主權為基礎的全球秩序。[3] 他要世人提防美國之類自由主義國家動不動就蠻橫霸道，欲把世界其他地方都改造成和自己一模一樣的習性，這點的確有其道理。但他認為國家是邊界明確的文化單位，藉由接納國家本有的特性，可打造出不起戰端的全球秩序，這點就說不通。今日的國家是歷史上鬥爭所意外促成的社會性建構物（social constructions），而且這些鬥爭往往涉及征服、暴力、同化和對文化象徵的刻意操弄。國家認同有較佳者、較差者之分，而社會能在其中主動擇一。

尤其，如果國家認同建立在種族、族群或宗教傳統之類固定的特性上，國家認同就成為違反自由主義尊嚴平等原則且可能具排他性的那種國家認同。因此，需要國家認同和需要自由主義普世性兩者不必然相牴觸，但這兩個原則之間還是有個可能引發關係緊繃之處。在這些情況下，國家認同可能變成侵略性、排他性的民族主義，一如二十世紀上半葉期間歐洲所出現的那種國家認同。

因此，自由主義社會照道理不應承認以種族、族群或宗教傳統之類固定身分為基礎的群體。但有時，這種情況變得勢所必然，自由主義原則就派不上用場。世界上有許多地方，其境內的族群和宗教群體代代世居同一塊領土，有自己濃厚的文化傳統、語言傳統。在中東、巴爾幹半島、南亞和東南亞這三個地區的許多地方，族群認同或宗教認同實際上是大部分人的基本特性之一，要把他們同化進更大的國家文化裡極不切實際。以文化單位為中心組建某種自由主義政治有其可能；例如，印度明訂多種語言為官方語言，允許境內諸邦自訂教育、司法體系方面的政策。聯邦制和把權力下放到地區行政單位，往往是這類多元分歧國家所不得不為。在政治科學家所謂的「協商」（consociationalism）結構裡，可將權力正式分配給以文化認同區隔彼此的諸多不同群體。在荷蘭，這作法頗為管用，但在黎巴嫩、波士尼亞、伊拉克之類地方，此作法則一場糊塗。在這些地方，諸多身分群體自認處於你死我活的鬥爭中。因此，在境內文化群體尚未固化為自身利益至上之單位的社會裡，把公民當成個人而非當成身分群體一員來處理，會好得多。

另一方面，國家認同另有幾個組成部分可被人自願採納，從而可被更多種人共有，從文學傳統、共有的歷史敘述和語言到食物和運動，皆屬之。

魁北克、蘇格蘭、加泰隆尼亞都是歷史、文化傳統自成一格的地區，都有想要徹底脫離母國自立的民族主義人士。幾乎毋庸置疑的，如果它們脫離自立，它們依舊會是尊重個人權利的自由主義社會，一如分手自立的捷克共和國和斯洛伐克共和國。這不表示脫離自立值得追求，只是表示脫離自立與自由主義原則並不抵觸。自由主義理論在如何處理這類要求和如何劃定基本上符合自由主義原則之國家的國界上，有個大缺陷。最後結果雖可能根據原則決定，但出於多個現實經濟、政治考量之拉扯的情況更為常見。

國家認同既代表顯而易見的危險，但也代表機會。國家認同是社會性的建構物，可被外力塑造以支持而非削弱自由主義價值觀。歷史上，國家係以領土上多樣化的居民為材料塑造而成，這些居民能強烈意識到自己屬於一個以政治原則或政治理想為基礎、而非以其可被歸屬的群體為基礎的共同體。美國、法國、加拿大、澳洲、印度都是在晚近幾十年致力於打造以政治原則而非以種族、族群或宗教為基礎之國家認同的國家。美國在重新界定何謂美國人上走了漫長且痛苦的路，在屢遭挫折且尚未走完的過程中，逐步移除在公民身分的取得上以階級、種族、性別為基礎的障礙。在法國，國家認同的建構始於法國大革命的人權與公民權宣言，此宣言確立了以共同語言和文化為基礎的理想公民身分。二十世紀中期的加拿大和澳洲都是白種人口占多數且針對外人移入和公民身分取得訂了限制性法律的國家，例如澳洲惡名昭彰的「白澳」政策。兩國都在一九六〇年代後根據毫無種族歧視性質的原則重新打造了國家認同，而且一如美國，廣開大門，讓大量外人移入。如今，這兩個國家裡外國出生人口所占比重都高於美國，而且幾無美國那種兩極分化、白人強烈反彈的現象。

但我們不應低估在尖銳對立的民主國家裡打造共同認同的難度。我們往往忘了一件事，即當今大部分自由主義社會建立在本身早就存在，且透過不符自由主義原則的方法打造出國家認同觀的國家上。法國、德國、日本、南韓都是在成為自由主義民主國家之前就已是國家；美國，誠如許多人已指出的，在成為國家之前已有執行公權力的政府。[4]從自由主義政治角度定義美國這個國家的過程漫長、艱苦且不時動用暴力，時至今日仍受到對美國之起源有著南轅北轍之說法的左右兩派人士質疑。

如果把自由主義視為只是平和管理多樣性的工具，本身不具更廣大的國家目標意識，那就可視為一個嚴重的政治弱點。經歷過暴力、戰爭、獨裁統治的人，渴望生活在自由主義社會裡，例如一九四五年後那段戰後時期的歐洲人。但隨著習慣於自由主義體制下的祥和生活，人們往往把和平和井然有序視為理所當然，開始渴望會把他們導向更高目標的政治活動。一九一四年，歐洲已有將近百年未經歷過造成無數生靈塗炭、民生凋敝的戰爭，儘管在這段近百年期間物質生活大幅改善，還是有無數人樂於上戰場。

如今我們或許處於人類歷史上一個類似的時刻，世界免於國與國之間的大戰已七十五年，在這期間全球繁榮程度大增，促成同樣大幅度的社會改革。創立歐盟係為化解導致兩次世界大戰的民族主義，而在這方面成就斐然，超乎所有人期望。但人民的期望升高得更快。年輕人對歐盟創造和平繁榮並未心存感激，反倒惱火於歐盟充滿官僚習氣的瑣碎要求。在這些情況下，作為自由主義最重要組成部分的薄弱共同體意識成為更沉重的包袱。

自由主義國家認同觀之所以令人看好，遠不只是因為它能成功管理多樣性和化解暴力。自由主義者往往對訴諸愛國主義和文化傳統的舉動敬而遠之，但他們不該如此。以自由開放社會自居的國家認同，係自由主義者可以理直氣壯引以為傲的東西，而他們動不動就貶低國家認同的心態，已使極右派得以有機會占得有利位置。晚近幾十年，在歐洲和美國，公民所享有的特權遭法院逐步侵奪，連公民和非公民之間僅剩的差異——投票權，都受到質疑。[5]公民身分應傳達一種意指接受社會契約的雙方協議，應是讓人引以為傲的東西。

放眼歷史，自由主義社會一直是經濟成長的推手、新科技的創造者、蓬勃發展之藝術和文化的締造者。它們之所以能有這樣的成就，正因為它們是自由主義社會。最早的自由主義社會會是古雅典，伯里克利（Pericles）曾如此稱頌它：

我們有一種政體……人稱民主。解決私人爭執時，所有人在法律之前平等，但在授予官職時，中意某人，而非另一人，如此選擇，不是出於那人的家世名聲，而是出於那人有德的美名；只要那人能造福於全體公民，就不會因為沒沒無聞而貧窮一生。我們不只在政府治理下過著自由生活，而且在日常生活裡不互相嫉妒；不為任何人突發其想的作為而生氣……[6]

北義大利諸城邦，例如佛羅倫斯、熱那亞、威尼斯，施行寡頭統治而非民主政治，卻比它們周邊那些中央集權的君主國、帝國更為符合自由主義原則，從文藝復興時期起，成為藝術、思想中心。自由主義荷蘭於十七世紀迎來其黃金時代，自由主義英國啟動工業革命。自由主義維也納誕生了古斯塔夫·馬勒（Gustav Mahler, 1860-1911）、西格蒙德・佛洛伊德（Sigmund Freud, 1856-1939）、胡戈・馮・霍夫曼斯塔爾（Hugo von Hofmannsthal, 1874-1929），然後在二十世紀初德意志民族主義和其他民族主義興起時衰落。接著，自由主義美國上場，成為從爵士、好萊塢電影到嘻哈、矽谷、網路等全球文化的主要創造者，數十年來歡迎來自封閉社會的難民棲身於此。

決定未來地緣政治面貌者，會是自由主義社會催生創新、科技、文化、永續成長的能力。習近平治下的中國主張它能在威權統治下成為世界第一強權，主張西方，尤其美國，陷入無可救藥的衰落裡。眼下我們不知道這個不自由的政治、經濟模式是否能一路產生創新和成長，或是否會產生令人心動之全球文化之類的東西。過去四十年中國令人驚嘆的成長，大多源於其對自由主義漫不經心的嘗試、隨著一九七八年鄧小平改革開放而向世界大開門戶的中國經濟、活力十足的私部門的問世。中國的高科技成長，大多要歸功於這個私部門，而非中國尾大不掉的國營企業。今日中國因其經濟成就和科技實力而廣受欽敬，但其不自由的社會模式所贏得的尊敬則少了許多，想要成為中國公民者並不多。

放眼未來，懸而未決的疑問，係自由主義社會能否克服自己所催生來的內部分裂對立。自由主義最初係為管理多樣性而生，如今卻催生出可能葬送自由主義的新式多樣性。因此，自由主義社會如要和世上新興的威權統治強權一較高下，就得走對路。

注釋

1. See "Francis Fukuyama: Will We Ever Get Beyond the Nation-State?," *Noema Magazine* (April 29, 2021).
2. See Francis Fukuyama, "Why National Identity Matters," in Eric M. Uslaner and Nils Holtug, *National Identity and Social Cohesion* (London and New York: Rowman and Littlefield, 2021).
3. See Hazony (2018); Roach (2021); Matthew Yglesias, "Hungarian Nationalism Is Not the Answer," *Slow Boring* (August 6, 2021).
4. See, for example, Seymour Martin Lipset, *American Exceptionalism: A Double-Edged Sword* (New York: W. W.Norton, 1995).
5. Hazony (2018).
6. Richard Schlatter, ed., *Hobbes's Thucydides* (New Brunswick, NJ: Rutgers University Press, 1975), pp. 131–32.

第十章

自由主義社會該遵守的原則

Liberalism

and

Its Discontents

本書致力於闡述古典自由主義的理論基礎和對其產生不滿、反對的某些原因。如果要保住作為政體之一種的自由主義，我們需要瞭解這些不滿的根源。如此一來，就能提出或許可以緩和今日人民在從失業、健康政策、課稅到治安、外人移入、網路管制等種種問題上之憤恨、不安全感的許多政策性回應措施。我未這麼做，反倒想扼要陳述作為制訂較具體政策時之指導原則的大原則，從這個根本理論產生的那些原則。

其中許多原則會特別適用於美國。美國長年以來一直是世上首屈一指的自由主義強權，多年來一直是世上許多人眼中的「自由燈塔」。我已在他處說明過為何美國的體制多年來逐漸衰敗，變得僵固而難以改革，苦於被菁英把持。美國依憲法而設的複雜制衡體制碰上日益加劇的政治兩極分化，美國的體制隨之窒礙難行，無法執行通過年度預算之類的許多基本職責。這是我所謂的「否決權當道的國家」（vetocracy）。[1]美國如果治不好其根本的結構性問題，與世上國力正蒸蒸日上的威權統治強權競爭時將落居下風。出現於美國的那些問題，有許多也困擾著其他自由主義民主國家，因此，美國若能闡明、捍衛自由主義原則，其他國家或許可跟進效法。

古典自由主義或許可視為管理多樣性的手段，但民族主義－民粹主義右派和進步左派都無法安然接受真正存在於社會裡的多樣性。民族主義－民粹主義右派的鐵桿分子是人們所不得不稱之為族群－民族主義分子（ethno-nationalists），二〇二一年一月六日強闖美國國會大廈的那些暴亂分子，有許多就屬這類人。他們所害怕的多樣性，與種族、族群、性別、宗教、性傾向之類分類有關。美國人口結構的變動，以及他們那類人會被非白種移民或被在美國城市地區裡人數正有增無減的好鬥世俗主義自由派「取代」的可能，加劇了他們的恐慌。

今日美國保守派所面臨的挑戰，無異於歷史上其他保守派所面臨的挑戰，後者始終得處理人口結構改變、社會變遷的問題。在十九、二十世初期歐洲，英國、德國境內保守黨的主要社會基礎是靠既有的社會等級體系維持自身地位的地主，以及某些認為工業化威脅到其生活方式的貴族群體、中產階級群體。隨著農民離開鄉村，城市人口增加，當時每個社會都在急速改變。那些城市居民被動員的程度與日俱增；工會開始成立，也開始出現以這個新工人階級為基礎的社會黨、共產黨。阿根廷於二十世紀初期碰上類似情況，其大地主、實業家階級害怕左翼政黨所組織起來的城市無產階級壯大，而且這些政黨在接連數場選舉裡得票率有增無減。

保守派面臨人口結構改變時，有兩條路可選。一方面，他們可以走威權統治風格鮮明的路線，藉由取消民主選舉或強勢操弄選舉結果來奪權。俾斯麥於一八七一年統一德意志後，德國保守派最初欲控制選舉權、限制立法機關的權力。結果，許多德國保守派人士最終支持希特勒和其納粹黨，視之為比極左派更可取的選擇。在阿根廷，保守派支持一九三〇年軍事政變，是為接下來兩個世代裡數場軍事政變的頭一樁。另一方面，英國保守派有不同的反應，接受社會改變並致力於管控該改變。推動一八六七年第二次改革法（Second Reform

Bill）者是保守黨籍首相班傑明・迪斯雷利（Benjamin Disraeli, 1804-1881），此法大幅擴大了享有選舉權的人數。保守派同志痛斥他背叛了他所屬的階級。但誠如丹尼爾・齊布拉特（Daniel Ziblatt）所指出的，迪斯雷利為保守黨在此後直至十九世紀結束主宰英國政局奠定了基礎。[2]事實表明剛拿到選舉權的選民認為另有許多理由使他們該支持保守黨籍政治人物，例如該黨政治人物強調愛國和他們支持大英帝國一事。積極接受社會上日增的階級多樣性和作為該多樣性之基礎的社會改變，藉此鞏固英國之民主政治者，係保守派。

當今的美國保守派面臨類似抉擇。極端保守人士相信暴力是保護自己免遭左派侵犯的唯一辦法。這個群體若以反民主方式奪權，大概得不到美國軍方支持。但由於這個群體擁槍者眾，可想而知公然的暴力行徑會是無休無止的困擾。

更為重大的威脅，係保守派公然致力於限制投票權和操縱選舉。這在二〇二〇年十一月選舉之前許久就已開始，但如今已成為某黨最關注的事項之一。

該黨以川普所謂的他是大規模選舉舞弊受害者這個不實說法為立黨基礎。誠如川普自己所坦承的，如果每個合格美國人都出來投票，「我國絕不可能再有共和黨人選上」。[3]

許多支持此計畫的保守人士，原則上並未揚棄民主理想。他們打從心底相信選舉結果被反對黨偷走，因為他們的前總統和他的媒體盟友如此告訴他們。他們未具有威權統治傾向，本身其實是某個資訊、媒體體制的產物，這個體制認可他們早就存在的偏好，而且透過別有居心的推論支持該偏好。但結果是走上反民主之路，考慮到推翻未來選舉結果的需要而預作安排，使共和黨成為反民主的黨。

祭出這些辦法，不消說，不是建立健全民主的良方，而且可能葬送美國自由主義民主體制。保守派其實可以取法迪斯雷利，積極接受人口結構變化，體認到許多選民不會被右派身分政治打動，而是會被保守政策打動。二〇二〇年大選時許多少數群體支持共和黨籍候選人的人數增加；這意味著許多人把票投給共和黨，但並非因為認可族群－民族主義計畫，而是因為別的理由。晚近許多移民群體在社會立場上屬保守，繼續相信較舊的美國夢，而非左派身分政治所提出的美國夢。他們可作為真正保守多數的基礎，而非操縱投票制度所產生的保守多數的基礎。

對保守派來說，這就是積極接受古典自由主義原則一事所代表的意思：他們必須接受人口多樣性這個現實，利用該現實去支持與身分的固定組成部分並無掛鉤的保守價值觀。

進步左派有類似的麻煩，同樣無法接納美國真正的多樣性。對這群人來說，多樣性主要指的是與種族、族群、性別、性傾向有關的幾種社會差異，往往不包括政治多樣性，或如果主張宗教觀點多樣性者是保守的基督徒的話，就不包括這種多樣性。批判理論已樹立一個龐大的思辨架構，使進步人士能據以把社會的基本組成部分，整個貶為具有種族歧視、父權制性質且非法死抓著其先前特權的權力結構。從宗教角度出發對墮胎、同性婚姻之類問題所深深抱持的看法，並非對重要道德議題的另一種可讓人接受的觀點，反倒只是必須予以根除的偏執、偏見的表現。

進步人士將得接受一個事實，即全國約有一半人口不同意他們的目標或方法，短期內他們不大可能在選舉上壓過這些人。保守派則必須無奈接受美國變動不居的種族、族群混合狀況，接受女人會繼續在專業上和私生活裡占據全部各種職位，接受性別角色已大大改變一事。雙方暗地裡都指望大部分國人同胞暗暗同意他們的看法，因為媒體操弄和菁英所散播的不實觀念，才不敢表達這份同意。這是危險的逃避心態，使具黨派意識者因此一廂情願認為明明存在的多樣性並不存在。如今，社會需要古典自由主義甚於以往，因為美國（和其他自由主義民主國家）多樣化甚於從前。

有數個自由主義大原則或許有助於管理這幾種不同的多樣性。首先，古典自由主義者必須承認需要政府，必須超越把政府妖魔化為必定妨礙經濟成長、個人自由的新自由主義時代的侷限。現代自由主義民主政體若要順利運行，反倒必須對政府高度信任——並非盲目信任，而是在體認到政府有助於實現重要公共目標的心態下產生的信任。在今日美國，我們正處於這樣一個時刻：國民對自己政府正受到模糊難辨的菁英操縱以奪走他們權利一事，抱持最怪異的陰謀論心態，認為總有一天他們得靠暴力抵禦政府以自保，於是開始把自己武裝起來。左派陣營也存在害怕、厭惡政府的心態：許多左派人士認為政府已被勢力甚大的企業利益團體把持，認為中情局和國家安全局致力於監視、削弱一般老百姓的權利，認為警察的存在主要是為了貫徹白人的特權。雙方都動不動就把政府貶抑為無能、腐敗、無正當性。

對自由主義國家來說，刻不容緩的問題與左右派論戰了數十年的政府規模或公權力觸及範圍議題無關。癥結毋寧在於治理的品質。治理能力不可或缺，亦即政府必須有足夠的人力、物力，以向其人民提供必要的服務。現代國家必須跳脫人情束縛，也就是說要對國民一視同仁，不因某人與掌握權力的政治人物有個人私交、政治關係或家庭關係而另眼相看。現代國家必須處理種種錯綜複雜的政策性問題，從宏觀經濟政策到健康到電磁波譜管制到氣象預報，皆屬之，而且如果要把事情做好，現代國家需要找到受過良好教育且對公共目標有強烈意識的專業人士為其效力。

自由主義國家在實現長期經濟成長上非常成功，但我們不能把總體GDP成長視為衡量成就的唯一指標。出於經濟和政治理由，成長果實的分配，以及讓所得、財富維持某種程度的平等，很重要。如果不平等過了頭，總體需求會停滯，政治上會出現強烈反對該體制的聲浪。財富或所得重分配之說不被許多自由主義者喜愛，但事實上，所有現代國家都在重分配資源，只是程度有別。棘手之處在於要把社會保護設在可永續的程度，在此程度下，社會保護不會削弱人努力向上之心，又能靠長期公共財政支持。

另一個自由主義原則，係要認真看待聯邦制（或就歐洲來說，輔助性／subsidiarity），要把權力下放到最低且合適的行政層級。在健保、環境之類領域裡，許多雄心勃勃的聯邦政策，係在抱著這些政策會在州這個層級一體施行的期望下推出。認真看待聯邦制，意指在更多種事務上把權力下放給較低的行政層級，使那些層級得以反映公民的選擇。在健康或環境之類政策領域，施行一套共同標準，或許較可取，但民主自治應優先於一體適用性，不管一體適用有多可取皆然。一般來講，州、郡、市得處理垃圾收集、治安之類切身問題，因而作法上往往較務實。晚近幾年美國政治的重要議題之一，係這些地方層級已染上存在於全國層級的兩極分化病，在這過程中妨礙了它們回應地方問題的能力。

但有些州級的決定的確挑戰了憲法明訂的基本權利，影響到自由主義民主政體本身的基本特性。「州的權利」係為蓄奴和後來種族隔離制辯護時所高舉的大旗，而聯邦政府在迫使各州同意非裔美國人在法律上享有平等地位上居功厥偉。令人遺憾的，如今美國政治重拾這個問題。在許多州，共和黨主導的議會已通過或提出實質上會使民主選舉結果可能遭推翻，且使人，尤其非裔美國人，更難投票的法案。投票權受到美國憲法第五修正案明文保障。投票權是需要靠中央政府的權力捍衛的基本權利。

第三個需要遵循的自由主義大原則，係需要保護言論自由，並對限制言論一事有適切的瞭解。言論自由受到政府威脅，而且不無道理的，此事依舊是關注焦點。但言論自由也可能受到刻意放大某些人看法、淡化其他人看法的媒體組織、網路平台這種民間勢力威脅。對此，應有的因應之道，不是官方直接出手管制這些民間行為者的言論，而是要透過反托拉斯法、競爭法，先防止民間勢力的大規模積聚。[4]

自由主義社會必須尊重每個個人的隱私區域。隱私是促進民主審議和妥協的必要條件，如果希望個人老實說出內心看法，絕不能沒有隱私。隱私也是在寬容這個自由主義原則下自然會有的產物。公民承認社會真實存在的多樣性，彼此想法並不一定要一致。這是美國憲法第一修正案的根本原則，也是全世界其他基本法所明載的言論自由權的根本原則。然而，在美國，聯邦政府近年來不僅要監管年輕人的性行為，還要監管他們對性本身的看法，這是非常危險的。

但言論，尤其公共言論，還是需要受一些規範約束，有些規則由官方頒行，其他規則由民間實體執行會較理想得多。自由主義社會在最後終目的上會意見不一，但如果未能在基本事實上意見一致，未能扭轉墮入認識相對論的趨勢，自由主義社會就無法運行。有一些眾所公認的方法可用來判定含有事實的資訊，這些方法在法院訴訟程序、專業新聞報導、科學界已經年使用。其中某些機構或組織有時被查明出了錯或存有偏見一事，不表示它們就此沒資格作為資訊的來源，或不表示在網路上表達的任何另類看法和其他任何看法一樣有憑有據。另有幾個促進禮貌和講理的必要規則，支撐自由主義社會裡的民主審議。與公共言論有關的規範，應被進一步推廣到全世界；不該以發言者的身分決定他可說什麼樣的話。

第四個自由主義原則，與個人權利的地位始終凌駕文化群體權利之上有關。這與本書先前就歷史上個人主義是在多大程度上視條件而定、而且往往與人固有的社會行為傾向和社會行為天賦相忤的現象所發出的看法並不牴觸。但出於數個原因，我們的體制還是必須把重點擺在個人的權利上，而非群體的權利上。

人始終未被其群體一員的身分所充分界定，而且繼續發揮個人能動性。瞭解人如何被其群體身分塑造或許很重要，但社會尊重也應考慮到他們所作的個人抉擇。對群體的肯定，可能無法化解群體差異，反倒可能固化群體差異。群體在所得方面的不平等，係多種社會、經濟因素相互作用所無心促成，其中許多因素遠非政策所能糾正。社會政策應致力於將社會所有人的所得拉平，但應針對階級之類會變動的那類人，而非針對種族或群族之類身分無法更動的那類人努力。個人主義或許是歷史上視條件而定的東西，但個人主義已成為現代人的自我認識裡極深層的一部分，因而要走反個人主義的回頭路並不大可能。現代市場經濟體極倚賴靈活性、勞動流動性、創新。如果交易必須在受限定的文化疆域裡進行，市場規模和來自文化多樣性的那種創新必然會受限。個人主義不是如某些版批判理論所說係西方文化固定不變的文化特性，它是在諸多不同社會同時漸漸發生的社會經濟現代化所無心促成。

自由主義的另一個原則，與人的自主權並非不受限制這個認識有關。自由主義社會認為人人享有平等的尊嚴，尊嚴則源於個人作抉擇的能力。因此，自由主義社會矢志保護該自主權，視之為人的基本權利。

自主權雖是自由主義所看重的基本要素，卻非唯一當然凌駕其他各種美好生活觀的人類之善。誠如先前已提過的，自主權的範圍隨著時日推移逐漸擴大，從在既有的道德框架裡遵守規則的自主權，擴及為自己制訂那些規則的自主權。但尊重自主權並非意在管理、節制根深蒂固之諸信念間的競爭，也非整個取代那些信念。並非每個人都認為盡可能擴大自己的自主權是人生最重要目標，或認為打破每種既有的威權必然是好事。許多人樂於接受把他們與他人連結的道德框架、宗教框架，或樂於生活在前人所傳下的文化傳統裡，從而甘於讓自己的選擇自由受限。美國憲法第一修正案意在保護信仰自由，而非保護公民使免受宗教侵犯。

成功的自由主義社會有自己的文化和美好生活觀，儘管那一看法，相較於受單一宗教教義束縛的社會所提供的美好生活觀，或許較為空泛淺薄。有些價值觀係這些社會若要保住自己自由主義社會身分所不可或缺，而它們不能在這些價值觀方面持中立立場。它們若要保持內部凝聚力，就必須把公益精神、寬容、不存成見的開放心態、積極參與公共事務的精神擺在第一位。它們若要經濟繁榮，就必須看重創新、創業精神、冒險精神。由只在意一己之私、只想著盡可能擴大個人消費的個人所組成的社會，會根本成不了社會。

人不是能隨心所欲重塑自己、不受束縛自由移動的個體；只有線上虛擬世界裡有這樣的人。我們首先受制於自己的肉體。科技在使人擺脫身體本質所加諸的約束上，幫了很大的忙。科技使人不必從事極辛苦的體力活，大大提高了壽命，克服了多種疾病和殘疾的不便，使我們每個人所能處理的經驗和資訊大增。有些科技—自由意志論者想像在未來世界裡，我們每個人都成了完全脫離軀殼、能被上傳到電腦裡的意識，使我們得以在實際上永遠不滅。我們對外在世界的經驗，日益透過螢幕來取得，螢幕使我們得以輕易將自己想像成置身於另一種真實裡或把自己想像成另一種存在。

但真實世界依舊不同於想像的世界：意志離不開把個人能動性化為具體形體且也限制能動性之施展範圍的肉體。是否大部分人想要擺脫其本質的束縛，並不清楚。我們的個人身分依舊源於我們出生時擁有的肉體，源於我們肉體與周遭環境的互動。我們的個人身分是我們有意識的心與肉體互動的產物，對經年累月那些互動的記憶的產物。我們所感受到的情緒，源於我們肉體的經驗。我們作為公民所享有的權利，建立在需要既保護那些肉體、也需要保護我們自主之心一事上。

自由主義社會所應遵守的最後一個大原則，會取法自古希臘人的劇本。古希臘人常說 μηδεν αγαν (*mēden agan*)，意為「事事不過頭」，他們把 σοφροσυνη (*sophrosunē*)，即「節制」，視為他們的四大美德之一。如今大抵已不再強調節制：大學畢業生常被告知「照你的想望走」，生活不知節制的人，只在傷害自己健康時才受到批評。節制意味著自我克制，而且有賴於自我克制，意即刻意不去尋求最強烈的情感或最完滿的成就。節制被視為對內在自我的人為約束，而內在自我的徹底發揮據說是人類幸福、成就的根源。

但希臘人或許看透了什麼道理，在個人生活方面和政治上皆然。一般來講，節制不是壞的政治原則，對試圖從一開始就冷卻政治激情的自由主義體制來說尤然。如果經濟上買賣、投資的自由是好事，那不表示拿掉對經濟活動的所有約束會更好。如果個人自主是個人人生圓滿的根源，那不表示無限制的自由和不斷打破約束會使人生更圓滿。有些圓滿來自接受限制。因此，在小我層面和大我層面都找回節制意識，係自由主義本身復興的關鍵——甚至是存亡的關鍵。

注釋

1. See Francis Fukuyama (*Political Order and Political Decay*, 2014).
2. Daniel Ziblatt, *Conservative Parties and the Birth of Democracy* (New York: Cambridge University Press, 2017).
3. Spoken on *Fox & Friends* (March 30, 2020).
4. One way of reducing the power of the internet platforms over political speech is to create a competitive layer of “middleware” companies to which curation of content can be outsourced: Francis Fukuyama, “Making the Internet Safe for Democracy,” *Journal of Democracy* 32 (2021): 37–44.

參考書目

Appelbaum, Binyamin. *The Economists' Hour: False Prophets, Free Markets, and the Fracture of Society*. Boston: Little, Brown, 2019.

Berger, Suzanne, and Ronald Dore. *National Diversity and Global Capitalism*. Ithaca, NY: Cornell University Press, 1996.

Bloom, Allan. *Giants and Dwarfs: Essays 1960–1990*. New York: Simon and Schuster, 1990.

Bork, Robert H., and Philip Verveer. T*he Antitrust Paradox: A Policy At War With Itself*. New York: Free Press, 1993.

Breton, Albert. *The Economics of Transparency in Politics*. Aldershot, UK: Ashgate,

2007.

Bull, Reeve T. "Rationalizing Transparency Laws." *Yale Journal on Regulation Notice & Comment* (September 30, 2021).

Burton, Tara Isabella. *Strange Rites: New Religions for a Godless World.* New York: Public Affairs, 2020.

Cass, Oren. *The Once and Future Worker: A Vision for the Renewal of Work in America.* New York: Encounter Books, 2018.

Christman, John. *The Politics Of Persons: Individual Autonomy And Socio-Historical Selves.* Cambridge, MA; New York: Cambridge University Press, 2009.

Coates, Ta-Nehisi. *Between the World and Me*. New York: Spiegel and Grau, 2015.

Cudd, Ann. *Analyzing Oppression.* New York: Oxford University Press, 2006.

Deneen, Patrick J. *Why Liberalism Failed.* New Haven: Yale University Press, 2018.

Derrida, Jacques. *Of Grammatology*. Baltimore: Johns Hopkins University Press, 2018.

DiAngelo, Robin. *White Fragility: Why It's So Hard for White People to Talk About Racism*. Boston, MA: Beacon Press, 2020.

Dreher, Rod. *The Benedict Option: A Strategy for Christians in a Post-Christian World.* New York: Sentinel, 2017.

Fanon, Frantz. *The Wretched of the Earth*. New York: Grove Press, 2004.

Fawcett, Edmund. *Liberalism: The Life of an Idea.* Princeton, NJ: Princeton University Press, 2014.

Ferguson, Niall. *Doom: The Politics of Catastrophe*. New York: Penguin Press, 2021.

Foucault, Michel. *Madness and Civilization: A History of Insanity in the Age of Reason.* New York: Vintage Books, 2013.

——. *Discipline and Punish: The Birth of the Prison.* New York: Vintage Books, 1995.

——. *The Order of Things: An Archaeology of the Human Sciences.* New York: Vintage Books, 1994 [1970].

——. *The Foucault Reader.* New York: Pantheon Books, 1984. Fukuyama, Francis, *Identity: The Demand for Dignity and the Politics of Resentment.* New York: Farrar, Straus and Giroux, 2018.

——. "Making the Internet Safe for Democracy." *Journal of Democracy* 32 (2021):

37–44.

——. *Political Order and Political Decay: From the Industrial Revolution to the Globalization of Democracy*. New York: Farrar, Straus and Giroux, 2014.

——. *The Origins of Political Order: From Prehuman Times to the French Revolution.* New York: Farrar, Straus and Giroux, 2011.

Galston, William A. "Liberal Virtues." *American Political Science Review* 82 (1988): 1277–90.

Gray, John. *Liberalism*. Milton Keynes, UK: Open University Press, 1986.

——. *Liberalisms: Essays in Political Philosophy*. London and New York: Routledge, 1989.

Gurri, Martin. *The Revolt of the Public and the Crisis of Authority in the New Millennium.* San Francisco, CA: Stripe Press, 2018.

Haggard, Stephan. *Developmental States*. Cambridge, MA; New York: Cambridge University Press, 2018.

Haidt, Jonathan. *The Righteous Mind: Why Good People Are Divided by Politics and*

Religion. New York: Pantheon, 2012.

Hayek, Friedrich A. *Law, Legislation and Liberty*. Chicago, IL: University of Chicago Press, 1976.

Hazony, Yoram. *The Virtue of Nationalism*. New York: Basic Books, 2018.

Heinrich, Joseph. *The WEIRDest People in the World: How the West Became Psychologically Peculiar and Particularly Prosperous.* New York: Farrar, Straus and Giroux, 2020.

Hofstadter, Richard. *The Paranoid Style in American Politics*. New York: Vintage, 2008.

Jiao, Xiao-qiang, Nyamdavaa Mongol, and Fu-suo Zhang, "The Transformation of Agriculture in China: Looking Back and Looking Forward." *Journal of Integrative Agriculture* 17 (2018): 755–64.

Kesler, Charles R. *Crisis of the Two Constitutions: The Rise, Decline, and Recovery of American Greatness*. New York: Encounter Books, 2021.

Kendi, Ibrahim X. *How To Be An Antiracist.* London: One World, 2019.

LaFrance, Adrienne. "The Prophecies of Q." *The Atlantic* (June 2020).

Lessig, Lawrence. "Against Transparency: The Perils of Openness in Government." *The New Republic* (October 19, 2009).

Luce, Edward. *The Retreat of Western Liberalism*. New York: Atlantic Monthly Press, 2017.

MacIntyre, Alasdair. *After Virtue*. Notre Dame, IN: University of Notre Dame Press, 1981.

Marcuse, Herbert. *Eros and Civilization: A Philosophical Inquiry into Freud*. New York: Vintage Books, 1955.

——. *One-Dimensional Man: Studies in the Ideology of Advanced Industrial Society*. Boston, MA: Beacon Press, 1991.

——. *Repressive Tolerance*. Berkeley, CA: Berkeley Commune Library, 1968.

Maslow, Abraham H. "A Theory of Human Motivation." *Psychological Review* 50 (1950).

McCloskey, Deirdre N. *Bourgeois Dignity: Why Economics Can't Explain The Modern World*. Chicago, IL: University of Chicago Press, 2010.

——. *Why Liberalism Works: How True Liberal Values Produce a Freer, More Equal,*

Prosperous World for All. New Haven, CT: Yale University Press, 2019.

Milanovic, Branko. *Global Inequality: A New Approach for the Age of Globalization*. Cambridge, MA: Belknap/Harvard University Press, 2016.

Mills, Charles W. *Black Rights/White Wrongs: The Critique of Racial Liberalism*. New York: Oxford University Press, 2017.

——. *The Racial Contract*. Ithaca, NY: Cornell University Press, 1997.

Mishra, Pankaj. *Bland Fanatics: Liberals, Race, and Empire*. New York: Farrar, Straus and Giroux, 2020.

North, Douglass C. *Institutions, Institutional Change, and Economic Performance*. New York: Cambridge University Press, 1990.

Nozick, Robert. *Anarchy, State, and Utopia*. New York: Basic Books, 1974.

Nyamdavaa Mongol, Xiao-qiang Jiao, and Fu-suo Zhang. "The Transformation of Agriculture in China: Looking Back and Looking Forward." *Journal of Integrative Agriculture* 17 (2018): 755–64.

Olson, Mancur. *The Logic of Collective Action: Public Goods and Bibliography the*

Theory of Groups. Cambridge, MA: Harvard University Press, 1965.

Ostrom, Elinor. *Governing the Commons: The Evolution of Institutions for Collective Action.* Cambridge: Cambridge University Press, 1990.

Packer, Dominic J., and Jay J. Van Bavel. *The Power of Us: Harnessing Our Shared Identities to Improve Performance, Increase Cooperation, and Promote Social Harmony.* New York and Boston: Little, Brown Spark, 2021.

Pateman, Carole. *The Sexual Contract. 30th Anniversary Edition, with a New Preface by the Author.* Stanford, CA: Stanford University Press, 2018.

——., and Charles W. Mills. *Contract and Domination.* Cambridge: Polity Press, 2007.

Philippon, Thomas. *The Great Reversal: How America Gave Up on Free Markets.* Cambridge, MA: Belknap/Harvard University Press, 2019.

Pocock, J. G. A. *The Machiavellian Moment: Florentine Political Thought and the Atlantic.* Princeton, NJ: Princeton University Press, 1975.

Pomerantsev, Peter. *Nothing Is True and Everything Is Possible: The Surreal Heart of the New Russia.* New York: PublicAffairs, 2014.

Pomeranz, Kenneth. *The Great Divergence: China, Europe, and the Making of the Modern World Economy.* Princeton, NJ: Princeton University Press, 2000.

Putnam, Robert D., and David E. Campbell. *American Grace: How Religion Divides and Unites Us.* New York: Simon and Schuster, 2010.

Rauch, Jonathan. *The Constitution of Knowledge: A Defense of Truth.* Washington, DC: Brookings Institution Press, 2021.

Rawls, John. *A Theory of Justice. Revised Edition.* Cambridge, MA: Belknap/Harvard University Press, 1999.

Rodgers, Daniel T. *Age of Fracture.* Cambridge, MA: Belknap/Harvard University Press, 2011.

Rosenblatt, Helena. *Lost History of Liberalism.* Princeton, NJ: Princeton University Press, 2018. Said, Edward. *Orientalism.* New York: Random House, 1978.

Sandel, Michael J., *Liberalism and the Limits of Justice. Second Edition.* New York: Cambridge University Press, 1998.

——.”The Procedural Republic and the Unencumbered Self.” *Political Theory* 12

(1984): 81-96. Saussure, Ferdinand de. *Course in General Linguistics.* New York: Columbia University Press, 2011.

Schmitt, Carl. *Political Theology: Four Chapters on the Concept of Sovereignty.* Chicago, IL: University of Chicago Press, 2006.

Shara, Michael. *The Killer Angels*. New York: Ballantine Books, 1974.

Siedentop, Larry. *Inventing the Individual: The Origins of Western Liberalism.* London: Allen Lane, 2014.

Sokal, Alan D., and Alan Bricmont. *Fashionable Nonsense: Postmodern Intellectuals' Abuse of Science.* New York: Picador, 1999.

Vermeule, Adrian. "Beyond Originalism." *The Atlantic* (March 31, 2020).

Walzer, Michael. *Spheres of Justice: A Defense of Pluralism and Equality*. New York: Basic Books, 1983.

Wooldridge, Adrian. *The Aristocracy of Talent: How Meritocracy Made the Modern World.* New York: Skyhorse Publishing, 2021.

Ziblatt, Daniel. *Conservative Parties and the Birth of Democracy*. New York: Cambridge

University Press, 2017.

Zuckerman, Ethan. *Mistrust: Why Losing Faith in Institutions Provides the Tools to Transform Them*. New York: W. W. Norton, 2020.

next 314

自由主義和對其的不滿

Liberalism and Its Discontents

作者	法蘭西斯・福山
譯者	黃中憲
主編	王育涵
企畫	林欣梅
美術設計	吳郁嫻
內頁排版	張靜怡
總編輯	胡金倫
董事長	趙政岷
出版者	時報文化出版企業股份有限公司 108019 臺北市和平西路三段 240 號 7 樓 發行專線｜02-2306-6842 讀者服務專線｜0800-231-705｜02-2304-7103 讀者服務傳真｜02-2302-7844 郵撥｜1934-4724 時報文化出版公司 信箱｜10899 臺北華江橋郵政第 99 信箱
時報悅讀網	www.readingtimes.com.tw
人文科學線臉書	http://www.facebook.com/humanities.science
法律顧問	理律法律事務所｜陳長文律師、李念祖律師
印刷	勁達印刷有限公司
初版一刷	2024 年 3 月 22 日
初版二刷	2024 年 4 月 3 日
定價	新臺幣 400 元

ISBN 978-626-374-971-9｜Printed in Taiwan

自由主義和對其的不滿／法蘭西斯・福山著；黃中憲譯 .
-- 初版 . -- 臺北市：時報文化出版企業股份有限公司，2024.3｜256 面；14.8×21 公分 .
譯自：Liberalism and Its Discontents｜ISBN 978-626-374-971-9（平裝）
1. CST：自由主義｜570.112｜113001755

時報文化出版公司成立於一九七五年，並於一九九九年股票上櫃公開發行，於二〇〇八年脫離中時集團非屬旺中，以「尊重智慧與創意的文化事業」為信念。